Anik Tia Tion

Vinaigrettes,
trempettes et
marinades

CAR ACT ERE

Conception graphique : Geneviève Laforest
Photos de la couverture : Shutterstock
Mise en pages : Geneviève Laforest
Correction d'épreuves : Kim Raymond
Photos (couverture et intérieur) : Shutterstock

Imprimé au Canada

ISBN : 978-2-89642-587-7

Dépôt légal – Bibliothèque et Archives nationales du Québec, 2012

Les Éditions Caractère remercient le gouvernement du Québec – Programme de crédit d'impôt pour l'édition de livres – Gestion SODEC

Les Éditions Caractère reconnaissent l'aide financière du gouvernement du Canada par l'entremise du Fonds du livre du Canada pour leurs activités d'édition.

Visitez le site des Éditions Caractère

editionscaractere.com

Sommaire

INTRODUCTION 5

LES VINAIGRETTES 7

Les ingrédients de base 8
Les huiles aromatisées 13
Les vinaigres 21
Les fines herbes 25
Les moutardes 29
Les recettes 31

LES TREMPETTES 81

Les trempettes chaudes 85
Les trempettes froides 93
Les trempettes dessert 131

LES MARINADES 143

La viande 149
Les fines herbes 183
Le poisson 189
Les légumes 205
Les fruits 217

INDEX 221

Introduction

Au cœur de l'été, les étals des marchés sont garnis de fruits et de légumes estivaux variés de toutes les couleurs. Leur fraîcheur et leur saveur réveilleront nos papilles le temps d'un été à profiter du soleil et du plein air. Ce moment pourra aussi être prolongé à l'intérieur une fois la belle saison passée, car bien que synonymes de chaleur, les salades fraîches, les trempettes et les marinades se prêtent à toutes les saisons et à toutes les occasions. Elles concilient agréablement notre mode de vie et notre besoin de bien manger en toute convivialité sans pour autant passer des heures en cuisine lors de réunions entre amis ou en famille.

Les trempettes mettront les convives en appétit, alors que les salades arrosées de leur vinaigrette accompagneront merveilleusement les viandes ou les poissons grillés préalablement marinés. Voilà de quoi manger équilibré et vitaminé !

Alors, cet été... osez !

Chapitre 1
Les vinaigrettes

Les ingrédients de base
Les huiles

Chaque huile a des caractéristiques gustatives et des usages bien déterminés. Les huiles sont des liquides gras et visqueux qui ont la propriété de ne pas se mélanger à l'eau. Celles qui sont utilisées dans cet ouvrage sont toutes comestibles et d'origine végétale. Elles sont extraites d'un fruit dont elles portent le nom. Chaque huile se caractérise par sa saveur et son caractère qui éveillent nos organes sensoriels. Tout comme pour le vin, pour en connaître davantage sur les différentes huiles, il ne faut pas hésiter à les goûter; vous pourrez ainsi vous délecter de chaque parfum libéré, admirer leur couleur, percevoir leur viscosité et apprécier leur arôme.

Huile d'argan

Cette huile produite par les femmes marocaines est peu connue et peu utilisée ici. En effet, entièrement faite à la main, sa production est limitée et son prix, élevé. De cette huile brun-roux au parfum très fort, quelques gouttes suffisent pour agrémenter une préparation. Elle se marie bien aux recettes sucrées et aux plats typiquement marocains (agneau, légumes, etc.). À la page 61, la vinaigrette inspirée d'une crème berbère, l'amlou, saura convaincre les plus hésitants.

Huile de colza ou de canola

Grâce à sa composition d'acides gras insaturés, cette huile est équilibrée sur le plan nutritionnel. Meilleure lorsqu'elle est pressée à froid, elle possède des qualités diététiques intéressantes du fait de sa teneur en vitamine E et en oméga-3. Elle convient à tous les usages, mais dégage une odeur désagréable à très haute température. Il est donc préférable d'en réserver l'usage aux assaisonnements.

Huile de noisette

Comme les amandes et les noix, les noisettes doivent tout d'abord être chauffées pour qu'on puisse en extraire l'huile. Douce et fruitée, cette huile se consomme crue, mais elle peut aussi remplacer le beurre dans les pâtisseries ou les biscuits sablés.

Huile de noix

Délicate, elle se conserve au réfrigérateur. Son goût très prononcé ne demande qu'une petite cuillère à thé pour une vinaigrette qui accompagne volontiers une salade verte garnie de cerneaux de noix. Elle s'utilise de préférence crue, car ses qualités nutritives se dégradent avec la chaleur. Tout comme l'huile de noisette, elle peut cependant être ajoutée à des plats cuits au four.

Huile d'olive

Nul n'ignore les bienfaits de l'huile d'olive. Il en existe de nombreuses, car le lieu de production et les procédés de fabrication de l'huile d'olive font que toutes les huiles ne se valent pas. Elles sont d'ailleurs réglementées par des normes commerciales internationales.

Une huile d'olive se conserve au maximum un an, mais au bout de huit mois, elle commence à pâlir et à perdre ses arômes. Il est d'ailleurs préférable de la garder à l'obscurité.

L'huile d'olive vierge résulte d'une première pression à froid d'olives fraîches. Elle n'est ni traitée ni raffinée. Un peu acide, elle est d'un beau doré tirant sur le vert.

L'huile d'olive extra vierge est l'huile la plus goûteuse et la plus fine. Elle est aussi extraite d'olives écrasées à froid et qualifiée de première pression, mais se différencie de la précédente par son caractère organoleptique exceptionnel et irréprochable : cette huile peut être fruitée, douce, piquante, amère ou poivrée. Certaines huiles peuvent résulter de plusieurs pressions, qui cependant détériorent ses arômes et lui donnent une qualité nutritive moindre.

Huile de pépin de raisin

Ses vertus méritent d'être connues et son utilisation de devenir plus fréquente. En effet, cette huile légère n'est pas dépourvue de qualités : elle se prête bien à la cuisson et aux hautes températures, elle donne aux fritures croquant et légèreté, mais elle est aussi résistante au froid, donc parfaite pour conserver les légumes marinés (poivrons, artichauts, tomates, haricots, etc.). Ajoutée à l'huile d'olive, elle relève très agréablement une mayonnaise. En marinade, elle rehausse la saveur de la viande tout en la préservant. Enfin, son goût neutre lui donne une place de choix dans la création d'huiles aromatisées maison. Le seul hic est qu'elle s'oxyde facilement : la conserver au réfrigérateur la fera durer plus longtemps. Elle se conserve d'autant mieux au réfrigérateur qu'au froid, elle reste à l'état liquide.

Huile de sésame

Considérée comme l'huile la plus ancienne, elle était utilisée en pharmacopée (onguent et médicament) et en cuisine par les Assyriens au VIe siècle av. J.-C.. Elle est encore très utilisée dans la cuisine asiatique, et son goût prononcé de noisette grillée rehausse tous les plats. Un filet suffit ! Elle sert aussi d'huile de friture pour les tempuras, ces fameux beignets de légumes japonais.

Huiles aromatisées - quelques recettes

Mise en garde

« Prenez des précautions en ce qui a trait aux aliments maison conservés dans l'huile (p. ex. les légumes, les herbes et les épices). Si ces produits ont été préparés avec des ingrédients frais, ils devraient être gardés au réfrigérateur et jetés après dix jours. » (Selon l'Agence canadienne d'inspection des aliments.)

Pour en savoir plus : **http://www.inspection.gc.ca/francais/fssa/concen/cause/botulismf.shtml**

Huile parfumée **aux épices**

- 2 **clous de girofle**
- 1 **anis étoilé**
- 4 **baies de genièvre**
- 3 **graines de cardamome** verte
- 5 ml (1 c. à thé) de **baies roses**
- **Poivre**
- 125 ml (½ tasse) d'**huile d'olive**

Préparation

Broyer toutes les épices au moulin ou à l'aide d'un pilon. Les mettre dans un petit bocal en verre. Verser l'huile par-dessus et fermer. Pendant au moins une journée, placer le bocal dans un placard et le remuer de temps en temps.

Huile **au persil**

Ingrédients

- 4 branches de **persil**
- 2 **gousses d'ail** écrasées
- 15 ml (1 c. à soupe) de **parmesan** râpé
- 250 ml (1 tasse) d'**huile d'olive**
- **Sel**, poivre

Préparation

Fouetter tous les ingrédients. Saler et poivrer. Se conserve quatre semaines au réfrigérateur dans un bocal en verre bien fermé. L'huile d'olive se fige au froid ; ramenée à la température ambiante, elle retrouvera sa fluidité.

Huile **au poireau**

Ingrédients

Ingrédients

- 1 petit **poireau**
- 125 ml (½ tasse) d'**huile d'olive**
- **Sel**, **poivre**

Préparation

Blanchir le poireau préalablement coupé en rondelles dans de l'eau bouillante salée. Égoutter et sécher. Dans un mélangeur, faire une purée avec le poireau refroidi et l'huile d'olive. Saler et poivrer. Se garde trois à quatre mois au réfrigérateur dans un bocal en verre.

Suggestion

À utiliser pour une vinaigrette destinée à une salade de tomates.

Huile **au citron**

Ingrédients

- 1 **citron** non traité
- 2 petits **piments**
- 2 gousses d'**ail**
- 1 branche de **thym** frais
- 125 ml (½ tasse) d'**huile d'olive**

Préparation

Découper le zeste du citron en lamelles et les blanchir à l'eau bouillante. Sécher. Une fois sèches, les placer dans un bocal en verre et ajouter les piments, le thym et les gousses d'ail pelées et coupées en deux. Verser l'huile d'olive. Placer le bocal au réfrigérateur quelques heures avant de l'utiliser.

Suggestion

Cette huile est toujours utile pour confectionner une bonne vinaigrette citronnée.

Huile à l'estragon

Ingrédients

- 5 petits **piments**
- 125 ml (½ tasse) d'**huile d'olive**
- 1 branche d'**estragon frais**
- 1 **clou de girofle**

Préparation

Laver et hacher finement les piments. Verser l'huile dans un bocal en verre et y mettre les piments, l'estragon et le clou de girofle. Placer au réfrigérateur durant plusieurs mois. Une fois bien parfumée, filtrer l'huile et la conserver au frais.

Suggestion

À utiliser pour aromatiser des crudités, du poisson ou une sauce tomate.

Les vinaigres

Depuis la nuit des temps, le « vin aigre » est un condiment utilisé en cuisine. Il est le résultat de l'oxydation du vin ou d'un autre alcool, par fermentation de l'alcool qui se transforme en acide acétique.

Essentiel dans la préparation des moutardes, de sauces froides ou de vinaigrettes, le vinaigre, parfois remplacé par du jus de citron, joue aussi un rôle important dans l'élaboration des sauces cuites. Il est indispensable pour les macérations, les marinades et les conserves.

Les vinaigres aromatisés

Un vinaigre peut être aromatisé aux fruits, aux herbes ou aux épices. Pour cela, faire macérer le fruit (framboises, bleuets, mélange de petits fruits, zeste d'agrumes, etc.), la plante (thym, basilic, romarin, persil, origan, etc.) ou les épices (anis, cumin, coriandre, céleri, etc.) choisis, blanchis rapidement dans l'eau bouillante (sauf les épices) et séchés, dans du vinaigre de vin blanc. Laisser macérer un mois avant toute utilisation, en secouant la bouteille de temps à autre.

Ces vinaigres aromatisés agrémentent merveilleusement les salades ou les marinades.

Vinaigre de cidre

Pour avoir un vinaigre de qualité, on recherche un produit préparé à partir de cidre brut et affiné en fût de bois. Ce vinaigre à la fine saveur de pomme est utilisé pour conserver les fruits et assaisonne bien une salade verte à laquelle ont été ajoutées des pommes ou des poires.

Vinaigre d'érable

Pour obtenir ce vinaigre issu d'une double fermentation de sirop d'érable, il faut d'abord élaborer un vin d'érable qui sera ensuite transformé en vinaigre. Le goût de ce vinaigre ambré sera apprécié des becs sucrés !

Vinaigre balsamique

Obtenu à partir du moût de raisin (le résidu du pressage), le vinaigre balsamique de Modène est le résultat le plus célèbre de ce procédé. Affiné durant de nombreuses années, les vinaigres de qualité peuvent atteindre des coûts exorbitants. Ceux qui sont de moindre qualité ont été élaborés dans de grands fûts et vieillis moins longtemps. Souvent, on y ajoute aussi du caramel et des ingrédients censés imiter l'authentique goût de ce vinaigre réputé, mais personne n'est dupe !

Vinaigre de riz

Ce vinaigre asiatique est peu acide, et le plus doux vient de la Thaïlande. Préparé à partir d'alcool de riz, il est piquant et légèrement sucré. Il entre dans la préparation du riz à sushis et est excellent pour confectionner les salades aux saveurs d'Asie.

Vinaigre de vin

Rouges, rosés ou blancs, tous les vins peuvent donner du vinaigre. Produit à partir d'un vin réputé, il pourra lui aussi bénéficier de l'appellation d'origine : vinaigre de Champagne, de Bordeaux, de Banyuls, de Xérès, etc. Choisir un bon vinaigre déterminera la saveur de la vinaigrette ou de la marinade. Le choisir rouge ou rosé donnera un goût plus affiné tout en mettant de la couleur. Pour une sauce au yogourt, préférer le vinaigre de vin blanc. Ce dernier est aussi idéal pour les salades croquantes et les marinades de viande et de poisson, ainsi que pour préparer des vinaigres aromatisés.

Les fines herbes

Ce sont des herbes aromatiques utilisées fraîches, ciselées ou hachées : persil, cerfeuil, estragon, ciboulette, etc. Elles parfument finement les sauces, la viande ou les légumes cuisinés, aromatisent un fromage frais ou une simple omelette.

Basilic

Il en existe de nombreuses variétés. Pour conserver un bouquet de frais, le plonger dans un grand verre d'eau et le mettre au frais. Pour en faire ressortir les arômes, le déchirer avec les doigts et l'incorporer en dernier aux plats. L'erreur à ne pas commettre : ne pas l'ajouter en présence de carottes, qui neutralisent sa saveur.

Cerfeuil

Utilisé comme le persil, il a cependant un goût plus prononcé et une saveur légèrement anisée. Il est préférable de le parsemer au dernier moment sur un plat, car il est fragile : il ne supporte guère la cuisson et s'abîme rapidement lorsqu'il est en contact avec de l'huile et ou du citron. Les meilleures associations sont à faire avec le poisson, les fruits de mer, les œufs et sur les salades.

Ciboulette

De la même famille que l'oignon, elle relève un fromage frais et décore merveilleusement tout en donnant un goût très subtil aux salades ou aux plats chauds.

Coriandre

Sa forte odeur en fait l'herbe préférée de la cuisine orientale. Elle parfume agréablement tous les plats. Ne pas hésiter à en parsemer un peu partout, en fin de cuisson.

Estragon

Son goût anisé parfume à merveille la volaille et le poisson blanc. Le placer dans une bouteille de vinaigre de vin pour accommoder et parfumer vinaigrettes et marinades.

Persil

Pour faire le plein de vitamine C, le croquer cru ou le parsemer sur les salades vertes ou de légumes. Il peut être plat ou frisé, mais préférer le premier pour son arôme et n'utiliser le dernier que pour décorer.

Romarin

Indispensable pour le barbecue, le parsemer directement sur la viande ou dans les braises pour qu'il se fasse plus discret.

Sarriette

Elle accompagne souvent les légumineuses, car elle a la propriété de favoriser la digestion. Si vous n'avez plus de poivre, elle prendra tout simplement sa place.

Sauge

Une fois séchées, les feuilles de sauge s'émiettent pour agrémenter la viande de porc.

Thym

L'arôme du thym se marie à tous les plats, de viande comme de légumes. Il existe de nombreuses variétés. Ne pas hésiter à utiliser ses petites fleurs pour cuisiner.

Herbes de Provence

Plantes aromatiques (basilic, laurier, romarin, sarriette et thym) hachées, séchées et mélangées. Idéales pour parfumer les grillades.

Les moutardes

La moutarde est une plante originaire du bassin méditerranéen. Le broyage des graines noires, brunes ou blanches donne un condiment jaune plus ou moins piquant. On utilisait déjà ces graines dans la Grèce et la Rome antiques pour épicer les viandes et les poissons. La moutarde existe en de nombreuses variétés (aromatisées à l'estragon, aux olives, aux champignons, etc.) qui entrent dans la composition de sauces chaudes ou froides.

Moutarde de Dijon

Cette moutarde française, connue pour être piquante et forte, est utilisée comme condiment dans la préparation des vinaigrettes, des sauces et des marinades, ou telle quelle, pour accompagner les viandes.

Moutarde à l'ancienne

Comparable à la moutarde de Dijon, mais de saveur plus douce, elle est préparée à partir de graines de moutarde brunes, concassées ou entières, ce qui lui donne sa texture granuleuse. Son utilisation est similaire à celle de la moutarde de Dijon. La plus répandue est la moutarde de Meaux, connu pour son pot en grès scellé de cire rouge.

Moutarde jaune

Élaborée à partir de graines de moutarde blanches et de curcuma (ce qui lui donne cette couleur si jaune), cette moutarde est très douce. Elle accompagne les hot-dogs ou les sandwiches.

Moutarde violette au moût de raisin

Élaborée à partir de graines de moutarde noires et de moût de raisin, la moutarde violette de Brive donne de la couleur aux vinaigrettes et aux mayonnaises et accompagne volontiers les viandes froides ou les poissons.

Moutarde en poudre

Il s'agit de graines de moutarde broyées. Utilisée pour parfumer les cornichons ou les oignons marinés, elle peut aussi être directement ajoutée dans les marinades, les trempettes ou les vinaigrettes.

Les recettes

Les vinaigrettes donnent plus de relief à la saveur des aliments. Qu'elle soit simplement faite d'huile et de vinaigre ou qu'elle soit plus élaborée, une vinaigrette demande que les ingrédients de base soient de qualité et que les dosages des éléments qui la composent soient proportionnés.

Préparer une vinaigrette équilibrée n'a rien de sorcier, mais comprendre cet accord permet de se diriger vers un mélange qui agrémentera délicatement les salades.

La vinaigrette est une sauce froide émulsionnée et instable, car élaborée à partir d'huile ou de crème (corps gras) et de vinaigre ou de citron (acide) qui ont tendance à se séparer. Néanmoins, elle pourra être stabilisée par un émulsifiant, comme un jaune d'œuf dans une mayonnaise, ou un liant, comme la moutarde pour les vinaigrettes.

*Toutes les recettes proposées dans cet ouvrage sont pour quatre personnes.

Vinaigrette **au citron**

Ingrédients

- 30 ml (2 c. à soupe) de **jus de citron**
- 15 ml (1 c. à soupe) de **sucre**
- 45 ml (3 c. à soupe) d'**huile d'olive**
- 5 brins de **ciboulette**
- **Sel**, poivre

Préparation

Mélanger le jus de citron, le sel et le sucre. Ajouter l'huile et poivrer. Émulsionner le tout.

Au moment de servir la salade, répandre la ciboulette finement ciselée.

Suggestion

Léger, son parfum subtil est idéal pour accompagner une simple laitue. Parsemée de pignons de pin dorés quelques minutes dans le four, cette salade saura vous régaler. Aussi délicieux avec une petite gousse d'ail en purée. Le citron peut être remplacé par une lime. Son taux élevé en vitamine C en fait le meilleur allié de l'hiver. Convient à toutes vos salades et permet de préserver les fruits ou les légumes qui s'oxydent rapidement à l'air libre, comme l'avocat ou la pomme.

Salade de carottes râpées et aux raisins secs

Ingrédients

- 45 ml (3 c. à soupe) de **jus de citron**
- 5 ml (1 c. à thé) de **sucre**
- 5 ml (1 c. à thé) de **moutarde**
- 45 ml (3 c. à soupe) d'**huile d'olive**
- 45 ml (3 c. à soupe) d'**huile de canola**
- 2 L (7 ¾ tasses) de **carottes** râpées
- 125 ml (½ tasse) de **raisins** secs
- **Sel, poivre**

Préparation

Mélanger le jus de citron, le sel, le sucre et le poivre du moulin. Ajouter la moutarde et les huiles en fouettant. Mélanger les carottes râpées et les raisins secs. Arroser de la moitié de la vinaigrette, mélanger, couvrir et réfrigérer pendant au moins deux heures. Remuer de nouveau avant le service et rectifier l'assaisonnement. Au besoin, ajouter de la vinaigrette.

Suggestion

Remplacer les raisins secs par des canneberges, des câpres, des figues ou des dattes sèches. Cette vinaigrette se prête aussi à la salade verte ou aux légumes cuits à la vapeur. Frotter le saladier avec une gousse d'ail donne un goût supplémentaire.

Vinaigrette **classique**

Ingrédients

- 15 ml (1 c. à soupe) de **vinaigre de vin rouge**
- 60 ml (¼ tasse) d'**huile d'olive**
- 5 ml (1 c. à thé) de **moutarde**
- **Sel, poivre**

Préparation

Mélanger le sel et le poivre du moulin au vinaigre. Ajouter l'huile et la moutarde et émulsionner. Bien mélanger à la salade et servir.

Suggestion

Cette vinaigrette trouvera sa singularité dans le choix de la moutarde, que ce soit une moutarde de Dijon, à l'ancienne ou aromatisée. Plus onctueuse que la vinaigrette traditionnelle grâce à la moutarde, elle se prête aussi à toutes sortes de salades. Si elle est faite avec une simple moutarde de Dijon, de l'ail frotté dans le saladier lui donnera son unicité.

Salade rose de radis

Ingrédients

- 2 **échalotes** françaises
- 2 bottes de **radis**
- 2 **oranges**
- 30 ml (2 c. à soupe) de **jus d'orange**
- **Arilles de grenade** provenant d'une demie grenade
- **Sel, poivre**

Préparation

Émincer finement les échalotes françaises. Nettoyer les radis, les essuyer et les couper en rondelles. Garder les fanes les plus tendres. Réserver. Peler deux oranges et en détacher les quartiers. Mélanger délicatement les rondelles de radis, les quartiers d'orange, les échalotes, les grains de grenade et les fanes de radis. Dans un bol, ajouter 2 c. à soupe de jus d'orange à la vinaigrette classique. Verser cette vinaigrette sur la salade. Goûter et, au besoin, ajouter du sel et du poivre.

Suggestion

Des oranges sanguines donneront à cette salade couleur et douceur.

Un doux parfum **de pomme**

Ingrédients

- 30 ml (2 c. à soupe) de **vinaigre de cidre**
- 125 ml (½ tasse) de **crème sure**
- 10 brins de **ciboulette**
- **Sel**, **poivre**

Préparation

Combiner le vinaigre, le sel et le poivre du moulin. Une fois le sel dissous, verser la crème sure et la moitié des brins de ciboulette ciselés. Battre le mélange pour qu'il soit lisse, crémeux et léger. Réserver au réfrigérateur au moins une heure, pour que la ciboulette libère sa saveur dans la crème.

Servir sur une salade verte et décorer du reste de ciboulette.

Suggestion

Pour accentuer le parfum de pomme, trancher finement une pomme acidulée, comme une Lobo, une McIntosch ou une Spartan. Cette vinaigrette s'associe aussi bien avec les poires.

Salade croquante au fenouil, à la pomme et au fromage

Ingrédients

- 60 ml (¼ tasse) de **pignons de pin**
- 1 bulbe de **fenouil**
- 2 **pommes**
- 125 ml (½ tasse) de **fromage de brebis**
- 60 ml (¼ tasse) de **vinaigre de cidre**
- 45 ml (3 c. à soupe) d'**huile d'olive**
- **Sel**, poivre

Préparation

Faire dorer les pignons au four à 350 °F (180 °C) et laisser refroidir. Laver le fenouil et émincer le bulbe en petits morceaux de ½ po (1 cm). Laver les pommes et les couper en petits dés. Retirer la croûte du fromage et couper ce dernier en bâtonnets. Placer le tout dans un saladier. Arroser de la vinaigrette au doux parfum de pomme. Remuer le tout. Parsemer des pignons de pins grillés.

Suggestion

Cette salade croquante à souhait peut être faite à l'avance avec sa vinaigrette, puisque le vinaigre protégera les pommes et le fenouil de l'oxydation. Garder de préférence la peau rouge ou verte des pommes pour donner de la couleur à cette salade pâlotte. Accompagner cette salade d'une petite vinaigrette faite de 1 c. à soupe d'huile d'olive et de 3 c. à soupe de vinaigre de pomme. Saler et poivrer.

Vinaigrette **au vinaigre de cidre**

Ingrédients

- 30 ml (2 c. à soupe) de **vinaigre de cidre**
- 15 ml (1 c. à soupe) de **miel**
- 2 ml (½ c. à thé) de **cumin** en poudre
- 30 ml (2 c. à soupe) d'**huile de canola**
- **Sel, poivre**

Préparation

Mélanger le vinaigre de cidre, le sel, le poivre, le miel, le cumin et l'huile de canola. Bien émulsionner. Réserver.

Salade de pommes de terre chaude sucrée-salée

Ingrédients

- 3 **oignons** rouges
- 1,5 L (6 tasses) de **pommes de terre** (rattes)
- 12 **dattes**
- 60 ml (¼ tasse) de **pignons de pin**
- **Sel**, **poivre**

Préparation

Émincer les oignons et les couvrir d'eau froide pendant 1 h pour les adoucir. Laver et peler les pommes de terre, puis les cuire dans de l'eau. Couper les dattes dénoyautées en rondelles. Faire dorer les pignons de pin dans une poêle. Égoutter les oignons et les essuyer dans un torchon. Mélanger les pommes de terre, les oignons et les dattes. Assaisonner de vinaigrette au vinaigre de cidre et parsemer de pignons de pin grillés. Couvrir le saladier d'une feuille d'aluminium, mettre au four 15 min à 350 °F (180 °C) et servir chaud.

Vinaigrette **à la tomate**

Ingrédients

- 2 **échalotes** françaises
- 1 **tomate**
- 5 ml (1 c. à thé) de **purée de tomates** concentrée
- 75 ml (5 c. à soupe) de **vinaigre de Xérès**
- 160 ml (⅔ tasse) d'**huile de canola**
- **Sel**, **poivre**

Préparation

Dans 1 c. à soupe d'huile, cuire les échalotes françaises émincées avec la tomate épépinée et coupée en petits dés. Retirer du feu et ajouter la purée de tomates, le vinaigre de xérès et l'huile de canola. Saler et poivrer. Dans le mélangeur, réduire la préparation et la verser dans un bocal en verre.

Suggestion

Elle se garde au frais et accompagne les salades composées de légumes d'été.

Vinaigrette crémeuse
au yogourt et au fromage persillé

Ingrédients

– 5 ml (1 c. à thé) de **vinaigre de vin blanc**

– ½ **oignon**

– 2 ml (½ c. à thé) de **sucre**

– 80 ml (⅓ tasse) de **yogourt**

– 60 ml (¼ tasse) de **fromage persillé***

– **Sel**, **poivre**

*Par exemple, le bleu d'Élizabeth, de la fromagerie du Presbytère, le bleu bénédictin de la fromagerie de l'abbaye Saint-Benoît-du-Lac, du roquefort, etc.

Préparation

Mélanger le vinaigre, le sel, le poivre du moulin, l'oignon émincé et le sucre. Pour une texture lisse et crémeuse, passer la préparation initiale au mélangeur en ajoutant le fromage émietté et le yogourt.

Suggestion

Cette vinaigrette peut être servie immédiatement ou gardée au frais dans un bocal en verre. À servir sur une salade verte bien croquante comme une romaine ou sur une salade amère comme la chicorée ou les endives. Ne pas hésiter à la parsemer de cerneaux de noix.

Vinaigrette **au yogourt**

- 30 ml (2 c. à soupe) de **yogourt**
- 45 ml (3 c. à soupe) d'**huile d'olive**
- ½ **citron**
- 1 bouquet de **basilic**
- **Sel**, poivre

Émulsionner le yogourt, l'huile, le jus du citron, puis ajouter le basilic. Saler et poivrer.

Salade de petits légumes

- 2 **courgettes**
- 1 **concombre**
- 20 **tomates-cerises**
- 20 petits **bocconcinis**
- 1 bouquet de **basilic**
- **Sel**, poivre

Couper les courgettes en fines rondelles, le concombre en fines lanières, et les tomates-cerises en deux. Égoutter les bocconcinis et hacher le basilic. Mélanger la vinaigrette au yogourt à la salade.

Vinaigrette **traditionnelle**

Ingrédients

- 15 ml (1 c. à soupe) de **vinaigre de vin rouge**
- 60 ml (¼ tasse) d'**huile d'olive**
- **Sel**, poivre

Préparation

Mélanger le vinaigre, le sel et le poivre du moulin. Une fois le sel dissous, ajouter l'huile et fouetter.

Ne verser la vinaigrette sur la salade qu'à la dernière minute, juste avant de la servir.

Suggestion

Cette vinaigrette toute simple, composée seulement de vinaigre, d'huile, de sel et de poivre, requiert de préférence un vinaigre de vin vieilli, de l'huile d'olive extra vierge, du sel fin et du poivre du moulin. Les variations sont bien sûr permises. Pourquoi ne pas utiliser du vinaigre de Xérès, de vin blanc, de vin rosé ou même de Champagne! Quant aux huiles, il ne faut pas hésiter à tirer parti de la si délicate huile de noix ou encore de l'huile de noisette vierge pressée à froid. Cette vinaigrette de base peut accompagner toutes sortes de salades, de la simple laitue à la salade composée. Une simple poignée d'amandes effilées ou de graines de sésame grillées a le pouvoir de transformer une modeste salade verte en un régal. Pour une salade autrement parfumée, de l'ail simplement frotté dans le saladier ne passera pas inaperçu.

Vinaigrette **au sirop d'érable**

Ingrédients

- 15 ml (1 c. à soupe) de **vinaigre de cidre**
- 5 ml (1 c. à thé) de **jus de citron**
- 1 gousse d'**ail**
- 15 ml (1 c. à soupe) de **sirop d'érable**
- 30 ml (2 c. à soupe) d'**huile d'olive**
- 15 ml (1 c. à soupe) d'**huile de pépin de raisin**
- **Sel**, **poivre**

Préparation

Mélanger le vinaigre, le jus de citron, l'ail et le poivre du moulin. Ajouter le sirop d'érable et bien fouetter. Verser peu à peu l'huile d'olive et l'huile de pépin de raisin en continuant de fouetter.

Suggestion

Accompagne un mélange printanier et des feuilles de betterave, de roquette et d'épinard.

Vinaigrette à l'avocat

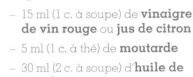

Ingrédients

- 15 ml (1 c. à soupe) de **vinaigre de vin rouge** ou **jus de citron**
- 5 ml (1 c. à thé) de **moutarde**
- 30 ml (2 c. à soupe) d'**huile de canola**
- 30 ml (2 c. à soupe) d'**huile de pépin de raisin**
- 1 **avocat** bien mûr
- 15 ml (1 c. à soupe) de **ciboulette** ou **persil**
- **Sel**, **poivre**

Préparation

Mélanger le vinaigre de vin, ou le jus de citron, au sel et à la moutarde. Poivrer. Verser progressivement les huiles et fouetter. Écraser l'avocat à la fourchette et l'ajouter à l'émulsion précédemment obtenue. Parsemer de ciboulette ou de persil.

Suggestion

Pour une salade verte parsemée de tomates-cerises. Plus épaisse, elle est idéale pour tartiner les sandwiches.

Vinaigrette **crémeuse**

Ingrédients

- 30 ml (2 c. à soupe) de **vinaigre de vin**
- 15 ml (1 c. à soupe) de **miel**
- ½ **oignon**
- 200 g (7 oz) de **mayonnaise**
- 30 ml (2 c. à soupe) de **crème sure**
- **Sel**, **poivre**

Préparation

Mélanger le vinaigre, le sel, le miel et le poivre du moulin. Ajouter l'oignon finement émincé, la mayonnaise et la crème sure. Fouetter jusqu'à l'obtention d'un mélange lisse et aéré. Rectifier l'assaisonnement.

Suggestion

À servir sur des pommes de terre ou du chou-fleur bouillis, du chou ou des carottes râpées. Réserver au réfrigérateur pendant plusieurs heures afin que les saveurs soient absorbées par le légume choisi. Ne pas hésiter à utiliser du vinaigre de Xérès pour cette recette. Attention à la chaleur! Conserver la vinaigrette au réfrigérateur, surtout si elle est faite avec une mayonnaise maison.

Vinaigrette **aigre-douce**

Ingrédients

- 30 ml (2 c. à soupe) de **vinaigre de vin**
- 30 ml (2 c. à soupe) de **sucre**
- 45 ml (3 c. à soupe) d'**huile d'olive**
- 45 ml (3 c. à soupe) d'**huile de noisette**
- **Sel**, **poivre**

Préparation

Dissoudre le sucre dans le vinaigre. Saler et poivrer. Verser peu à peu les huiles et fouetter. Ajouter de l'eau si la vinaigrette est trop acide.

Suggestion

Mélanger cette vinaigrette à des légumes crus, cuits à la vapeur ou même grillés. Remplacer le sucre par du miel ou du sirop d'érable.

Vinaigrette **à la grecque**

Ingrédients

- ½ **citron**
- 3 **concombres** libanais
- 60 ml (¼ tasse) d'**huile d'olive**
- 3 branches de **menthe**
- 60 g (2 oz) de **féta** émiettée
- **Sel**, **poivre**

Préparation

Dans un mélangeur, émulsionner le jus du demi-citron, le sel, les concombres et l'huile d'olive. Ajouter au mélange obtenu les feuilles de menthe ciselées et le féta émietté. Poivrer.

Suggestion

Délicieuse sur une salade grecque composée de tomates, de rondelles d'oignon rouge, d'olives noires, d'une laitue et d'un poivron vert. Convient aussi à une salade de riz agrémentée des légumes précités.

Vinaigrette **au vinaigre balsamique et à l'échalote**

Ingrédients

- 15 ml (1 c. à soupe) de **vinaigre balsamique**
- 15 ml (1 c. à soupe) de **persil**
- 15 ml (1 c. à soupe) de **basilic**
- 1 **échalote** française
- 1 petite gousse d'**ail**
- 60 ml (¼ tasse) d'**huile d'olive**
- **Sel**, **poivre**

Préparation

Mélanger le vinaigre à une pincée de sel et poivrer. Émincer le persil, le basilic, l'échalote française et l'ail. Ajouter au vinaigre et verser peu à peu l'huile d'olive en fouettant.

Suggestion

Accompagne particulièrement bien des tomates juteuses et une salade de roquettes dont la saveur poivrée est relevée par le vinaigre balsamique.

Vinaigrette au vinaigre balsamique et à la moutarde

Ingrédients

– 45 ml (3 c. à soupe) de **vinaigre balsamique**
– 1 gousse d'**ail**
– 5 ml (1 c. à thé) de **moutarde**
– 75 ml (5 c. à soupe) d'**huile d'olive**
– **Sel, poivre**

Préparation

Dissoudre le sel dans le vinaigre balsamique. Poivrer. Ajouter la gousse d'ail écrasée et la moutarde. Mélanger. Verser peu à peu l'huile et fouetter.

Suggestion

À déguster avec une salade verte aux foies de poulet. La veille, faire macérer une poignée de raisins secs dans le vinaigre balsamique et les ajouter à la salade pour donner un petit goût sucré.

Salade de tomates, fraises et bocconcinis

Ingrédients

- 4 **tomates** bien mûres
- 500 ml (2 tasses) de **fraises**
- 5 branches de **basilic**
- 10 petits **bocconcinis**
- 30 ml (2 c. à soupe) d'**huile d'olive**
- 30 ml (2 c. à soupe) de **vinaigre balsamique**
- **Sel**, **poivre**

Préparation

Laver et couper les tomates et les fraises en quartiers. Ciseler le basilic. Égoutter les bocconcinis et les couper en deux. Dans un saladier, placer les ingrédients et arroser de la vinaigrette au vinaigre balsamique et à la moutarde. Saler et poivrer.

Vinaigrette **aux fines herbes**

Ingrédients

- 2 branches de **cerfeuil**
- 2 branches de **basilic**
- 2 branches d'**aneth**
- 15 ml (1 c. à soupe) de **moutarde**
- 30 ml (2 c. à soupe) de **vinaigre de vin**
- 250 ml (1 tasse) d'**huile d'olive**
- **Sel**, **poivre**

Préparation

Hacher les herbes au mélangeur ou au couteau. Mélanger la moutarde, le vinaigre, le sel et le poivre du moulin. Ajouter l'huile et les fines herbes. Fouetter et laisser reposer.

Suggestion

Utiliser vos fines herbes préférées (ciboulette, fenouil ou marjolaine). Rafraîchissante, cette vinaigrette accompagne volontiers les légumes, l'avocat, la viande (porc ou poulet grillé), le saumon ou les pâtes.

Vinaigrette **au miel**

Ingrédients

- 5 ml (1 c. à thé) de **miel**
- 15 ml (1 c. à soupe) de **sauce soya**
- 45 ml (3 c. à soupe) d'**huile d'olive**
- **Poivre**

Préparation

Mélanger le miel et la sauce soya. Ajouter l'huile d'olive et émulsionner. Poivrer.

Vinaigrette **pimentée**

Ingrédients

- 5 ml (1 c. à thé) de **gingembre**
- 250 ml (1 tasse) d'**huile d'olive**
- 60 ml (¼ tasse) de **sauce chili**
- **Sel, poivre**

Préparation

Mélanger le gingembre haché, l'huile d'olive et la sauce chili. Saler et poivrer.

Vinaigrette **au soya**

Ingrédients

- 1 **citron**
- 45 ml (3 c. à soupe) de **sauce soya**
- 15 ml (1 c. à soupe) d'**huile de sésame**
- 45 ml (3 c. à soupe) d'**huile de canola**
- 15 ml (1 c. à soupe) de **graines de sésame**
- 5 brins de **ciboulette**

Préparation

Mélanger le jus du citron avec la sauce soya et les huiles. Parsemer de graines de sésame grillées et de ciboulette finement hachée.

Suggestion

Sur du tofu mou frais, comme entrée ou en accompagnement rafraîchissant. Additionnée de 1 c. à thé de gingembre râpé, le tofu ne manquera pas de piquant. Pour les becs épicés, un petit piment émincé donnera le goût relevé recherché.

Salade santé

Ingrédients

- 125 ml (½ tasse) de **quinoa**
- Quelques **noix de Grenoble**
- 120 g (4 oz) de **tofu ferme**
- 2 **tomates**
- 1 petit **concombre**
- 2 **avocats**
- 250 ml (1 tasse) de **germes de luzerne**
- **Poivre**

Préparation

Cuire le quinoa selon les instructions inscrites sur le paquet. Couper grossièrement les noix de Grenoble et les ajouter à la vinaigrette au soya. Couper le tofu, les tomates, le concombre et les avocats en cubes. Mélanger le quinoa aux dés de légumes et de tofu. Verser la vinaigrette. Comme ils sont fragiles, les germes de luzerne ne doivent être ajoutés qu'au moment de servir.

Vinaigrette **au soya et vinaigre de framboise**

Ingrédients

- 5 ml (1 c. à thé) de **sauce soya**
- 60 ml (¼ tasse) de **vinaigre de framboise**
- 75 ml (5 c. à soupe) d'**huile d'olive**
- 30 ml (2 c. à soupe) d'**huile de canola**
- 2 branches de **thym** ou **romarin**
- 1 gousse d'**ail**
- **Poivre**

Préparation

Mélanger la sauce soya au vinaigre de framboise. Ajouter l'huile d'olive et l'huile de canola. Fouetter, puis ajouter le thym ou le romarin et la gousse d'ail écrasée. Réserver au réfrigérateur.

Suggestion

Pour rehausser une salade verte au poulet. Ne pas hésiter à parsemer de graines de sésame grillées.

Vinaigrette **aux épices**

Ingrédients

- 15 ml (1 c. à soupe) de **vinaigre de Xérès**
- 1 gousse d'**ail**
- 5 ml (1 c. à thé) de **cumin** moulu
- 5 ml (1 c. à thé) de **coriandre** moulue
- 60 ml (¼ tasse) d'**huile d'olive**
- **Sel**, **poivre**

Préparation

Dans le mélangeur, mettre le vinaigre, le sel, l'ail, le cumin, la coriandre et du poivre du moulin. Ajouter l'huile peu à peu, jusqu'à ce que le mélange soit onctueux. Au besoin, rectifier l'assaisonnement.

Suggestion

Pour accompagner des pâtes, mais aussi des crevettes, des calmars ou du poulet grillé sur un lit de mâche ou de romaine.

Vinaigrette **thaïe**

- 5 ml (1 c. à thé) de **sucre**
- 15 ml (1 c. à soupe) de **vinaigre de riz**
- 15 ml (1 c. à soupe) de **sauce soya claire**
- 7 ml (½ c. à soupe) de **sauce nuoc-mâm**
- 4 gouttes de **sauce Tabasco**
- 15 ml (1 c. à soupe) d'**huile de sésame**
- **Sel**, **poivre**

Préparation

Ajouter le sucre, le sel et le poivre du moulin au vinaigre de riz. Verser la sauce soya, la sauce nuoc-mâm, l'huile de sésame et le tabasco. Bien mélanger.

Suggestion

Pour accompagner une salade de germes de soya, un filet de poisson à chair blanche, des pois gourmands ou des crevettes. Pour une vinaigrette plus épicée, remplacer le Tabasco par ½ c. à thé de sauce chili. Si le goût de l'huile de sésame est trop prononcé, ajouter 1 c. à soupe d'huile de canola ou de pépin de raisin.

Salade thaïe de nouilles de riz aux crevettes et pamplemousse

Ingrédients

- 1 **pamplemousse**
- 4 brins de **ciboulette**
- 5 branches de **coriandre**
- 5 branches de **menthe**
- 1 gousse d'**ail**
- 1 petit **piment**
- 5 ml (1 c. à thé) de **sucre**
- 30 ml (2 c. à soupe) de **sauce nuoc-mâm**
- 3 **limes**
- 225 g (½ lb) **nouilles de riz**
- 20 **crevettes**
- 15 ml (1 c. à soupe) d'**huile de canola**
- 30 ml (2 c. à soupe) de **graines de sésame**
- **Sel**, poivre

Préparation

Peler le pamplemousse et le défaire en quartiers. Hacher les feuilles de ciboulette, de coriandre et de menthe. Mélanger. Éplucher et hacher l'ail. Émincer le piment. Dans un bol, mélanger le sucre, la sauce nuoc-mâm, le jus des limes, l'ail et le piment. Réserver. Cuire les nouilles selon les indications du fabricant. Une fois cuites, les rincer à l'eau froide et les mélanger avec les quartiers de pamplemousse et les herbes hachées. Dans une poêle, faire revenir les crevettes dans 1 c. à soupe d'huile. Saler et poivrer. Une fois refroidies, les ajouter aux nouilles et verser le mélange réservé. Parsemer des graines de sésame grillées.

Suggestion

Remplacer les graines de sésame par des arachides grillées et hachées grossièrement ou des noix de cajou salées.

Salade de papaye verte aux crevettes

Ingrédients

- ½ **ananas**
- 200 g (1 fruit) **papaye verte**
- 450 g (1 lb) **crevettes** décortiquées cuites
- 1 **lime**
- 90 ml (6 c. à soupe) d'**huile d'olive**
- 15 ml (1 c. à soupe) de **sauce soya**
- 45 ml (3 c. à soupe) de **sauce nuoc-mâm**
- **Sel**, **poivre**

Préparation

Râper la papaye verte. Émincer des tranches d'ananas. Dans un saladier, mélanger les crevettes, la papaye, l'ananas, le jus de la lime, l'huile d'olive, la sauce soya et la sauce nuoc-mâm. Poivrer et saler au besoin.

Vinaigrette **marocaine**

Ingrédients

- 125 ml (½ tasse) d'**amandes**
- 125 ml (½ tasse) de **miel**
- ½ **citron**
- 1 pincée de **cannelle** en poudre
- 80 ml (⅓ tasse) d'**huile d'argan**
- **Sel**, **poivre**

Préparation

Faire griller les amandes pendant 5 min au four. Les placer dans un mélangeur, avec le miel, le jus du demi-citron et la cannelle jusqu'à l'obtention d'une pâte lisse et homogène. Verser peu à peu l'huile d'argan. Saler et poivrer.

Suggestion

Pour accompagner des fruits ou des légumes crus, du poisson ou du saumon fumé. Cette variante de l'amlou est aussi à découvrir simplement tartinée sur du pain.

Vinaigrette **aux bleuets**

Ingrédients

- 15 ml (1 c. à soupe) de **jus de citron**
- 5 ml (1 c. à thé) de **sucre**
- 60 ml (¼ tasse) d'**huile d'olive**
- 125 ml (½ tasse) de **bleuets** frais
- **Sel**, **poivre**

Préparation

Passer tous les ingrédients au mélangeur. Saler et poivrer au goût.

Vinaigrette **au thym**

Ingrédients

- 1 **citron** non traité
- 250 ml (1 tasse) d'**huile d'olive**
- 5 ml (1 c. à thé) de **thym** frais
- ½ **échalote** française
- 1 gousse d'**ail**
- **Sel**, **poivre**

Préparation

Mélanger le jus et le zeste du citron, l'huile d'olive, le thym l'échalote émincée et la gousse d'ail écrasée. Saler et poivrer.

Vinaigrette **au vinaigre de framboise**

Préparation

Réduire l'ail en purée. Le mélanger à la moutarde et au vinaigre. Saler et poivrer. Ajouter l'huile d'olive et émulsionner.

Ingrédients

– 2 gousses d'**ail**

– 30 ml (2 c. à soupe) de **vinaigre de framboise**

– 15 ml (1 c. à soupe) de **moutarde jaune**

– 60 ml (¼ tasse) d'**huile d'olive**

– **Sel**, **poivre**

Salade de roquette aux fraises

Ingrédients

– 250 ml (1 tasse) de **fraises**

– 2 **oignons** nouveaux

– 105 g (3, 5 oz) de **parmesan**

– 120 g (4 oz) de **roquette**

– 8 fines tranches de **jambon** sec

Préparation

Couper les fraises en lanières, émincer les oignons et faire des copeaux de parmesan. Répartir la roquette et les autres ingrédients dans des assiettes et ajouter la vinaigrette au vinaigre de framboise.

Vinaigrette **au cari**

Ingrédients

- 15 ml (1 c. à soupe) de **cari**
- 30 ml (2 c. à soupe) d'**eau chaude**
- 160 ml (⅔ tasse) de **vinaigre de vin**
- 60 ml (¼ tasse) d'**huile de canola**
- **Sel**, **poivre**

Préparation

Dissoudre le cari dans l'eau très chaude. Ajouter le vinaigre de vin et l'huile de canola. Saler et poivrer. Pour accompagner une salade composée de poissons.

Suggestion

Pour une saveur plus épicée, ajouter quelques gouttes de tabasco ou de sauce chili.

64

Vinaigrette **vanillée**

Ingrédients

- 125 ml (½ tasse) d'**eau**
- 45 ml (3 c. à soupe) de **sucre**
- ½ gousse de **vanille**
- 60 ml (¼ tasse) de **vinaigre de vin**
- 160 ml (⅔ tasse) d'**huile de canola**
- **Sel**, **poivre**

Préparation

À feu doux, dans une petite casserole, faire un sirop avec l'eau, le sucre et la demi-gousse de vanille fendue et grattée. Retirer du feu et verser le vinaigre de vin et l'huile de canola dans le mélange. Saler et poivrer. Émulsionner. Conserver au réfrigérateur dans un bocal en verre, avec la demi-gousse de vanille.

Suggestion

Découvrir cette saveur raffinée en accompagnement d'une salade de homard ou d'avocat est un plaisir inaccoutumé.

Vinaigrette **à la mangue pimentée**

Ingrédients

- 1 grosse **mangue** mûre
- 1 petit **piment**
- 15 ml (1 c. à soupe) d'**eau**
- 15 ml (1 c. à soupe) de **moutarde**
- 30 ml (2 c. à soupe) d'**huile d'olive**
- 4 gouttes de **Tabasco**
- **Sel**, **poivre**

Préparation

Coupez la mangue en deux. Enlever la peau et le noyau, puis passer la chair au mélangeur pour en faire une purée. Ajouter le petit piment coupé en deux. Continuer à émulsionner et verser 1 c. à soupe d'eau dans le mélange. Passer à la passoire pour ne récupérer que le jus de mangue pimenté. Dans un bol, mélanger ce jus avec la moutarde et l'huile d'olive. Saler, poivrer et ajouter le Tabasco.

Suggestion

Pour donner du piquant aux asperges. Sur une salade de mangue verte, ne pas hésiter à sucrer. Le sucré-salé pimenté saura vous plaire.

Vinaigrette **pour salade césar**

Ingrédients

- 1 **jaune d'œuf**
- 5 ml (1 c. à thé) de **moutarde**
- 1 gousse d'**ail**
- 30 ml (2 c. à soupe) de **jus de citron** ou de **vinaigre de vin**
- 3 filet d'**anchois**
- 25 g de **parmesan** râpé
- 125 ml (½ tasse) d'**huile d'olive**
- **Sel**, **poivre**

Préparation

Dans le mélangeur, faire une pâte avec le jaune d'œuf, la moutarde, l'ail, le jus de citron, les anchois et le parmesan. Ajouter peu à peu l'huile et continuer à mélanger jusqu'à ce que ce soit homogène.

Suggestion

La salade César est composée de feuilles de romaine, de copeaux de parmesan et de tranches de bacon grillées. Élément indissociable : les croûtons de pain à l'ail, de préférence maison. Pour cela, préchauffer le four à 360 °F (180 °C). Sur une plaque à biscuits, disposer les tranches de pain et les badigeonner d'huile d'olive. Enfourner jusqu'à ce qu'elles soient croustillantes et dorées, soit environ 10 min. Une fois refroidies, les frotter avec une gousse d'ail.

Sauce **mousseline**

Ingrédients

– 1 **œuf**

– 5 ml (1 c. à thé) de **moutarde**

– 125 ml (½ tasse) d'**huile d'olive**

– 10 ml (2 c. à thé) de **jus de citron**

– **Sel**, **poivre**

Préparation

Séparer le blanc d'œuf du jaune. Avec le jaune, la moutarde et l'huile, monter une mayonnaise. Saler et poivrer. Battre le blanc en neige et l'incorporer délicatement à la mayonnaise, puis y verser le jus de citron. Garder au frais jusqu'au moment de servir.

Suggestion

Pour accompagner du saumon poché. L'ajout de fines herbes donnera couleur et volupté.

Vinaigrette à l'œuf

Ingrédients

- 30 ml (2 c. à soupe) de **vinaigre de vin**
- 15 ml (1 c. à soupe) de **moutarde**
- 75 ml (5 c. à soupe) d'**huile d'olive**
- 1 **œuf** cuit dur
- 5 ml (1 c. à thé) de **persil**
- 5 ml (1 c. à thé) de **cerfeuil**
- 5 ml (1 c. à thé) de **ciboulette**
- **Sel**, **poivre**

Préparation

Mélanger le vinaigre, le sel et le poivre du moulin. Ajouter la moutarde et, peu à peu, l'huile d'olive en continuant de fouetter. Émietter l'œuf dur et le mélanger aux fines herbes.

Suggestion

Pour un classique délicieux, verser simplement sur des asperges parées ou une salade verte, puis parsemer du mélange œuf et fines herbes.

Vinaigrette **au fromage de chèvre**

Ingrédients

- 15 ml (1 c. à soupe) de **vinaigre de Xérès**
- 5 ml (1 c. à thé) de **moutarde**
- 80 ml (⅓ tasse) d'**huile d'olive**
- 1 petite échalote
- 15 ml (1 c. à soupe) de **cerfeuil** ciselé
- 125 ml (½ tasse) de **fromage de chèvre** frais
- **Sel**, **poivre**

Préparation

Mélanger le vinaigre, la moutarde, le sel et le poivre du moulin. Verser peu à peu l'huile, l'échalote émincée et un peu de cerfeuil. Fouetter énergiquement. Parsemer le fromage de chèvre frais sur la salade assaisonnée.

Suggestion

Sur une salade verte ou des asperges printanières.

Vinaigrette **aux graines de pavot**

Ingrédients

- 1 **citron**
- 15 ml (1 c. à soupe) de **miel**
- 60 ml (¼ tasse) d'**huile d'olive**
- 15 ml (1 c. à soupe) de **graines de pavot**
- **Sel**, **poivre**

Préparation

Mélanger le jus du citron au miel. Verser peu à peu l'huile. Saler et poivrer. Ajouter les graines de pavot.

Suggestion

Accompagne agréablement l'avocat, mais aussi une simple salade verte. Les petites graines de pavot qui craquent sous la dent séduiront vos convives.

Vinaigrette **aux noix et au yogourt**

Suggestion

Le goût des noix s'harmonise avec celui des tomates juteuses, de la salade verte, de l'endive ou du céleri. Plus épaisse avec de la crème sure au lieu de la crème liquide, cette vinaigrette se transforme en trempette pour accompagner des branches de céleri. Parsemer l'un ou l'autre de gorgonzola émietté, personne ne pourra résister...

Ingrédients

- 250 ml (1 tasse) de **yogourt**
- 125 ml (½ tasse) de **crème 15 %**
- 15 ml (1 c. à soupe) de **jus de citron**
- 2 ml (½ c. à thé) de **moutarde**
- 15 ml (1 c. à soupe) d'**huile de noix**
- 15 ml (1 c. à soupe) d'**huile de pépin de raisin**
- 30 ml (2 c. à soupe) d'**huile de canola**
- 80 ml (⅓ tasse) de **noix** concassées
- **Sel**, **poivre**

Préparation

Fouetter le yogourt et la crème liquide. Ajouter le jus de citron, la moutarde, les huiles et les noix. Saler et poivrer.

Vinaigrette **crémeuse à l'aneth**

Ingrédients

- ½ **citron**
- 15 ml (1 c. à soupe) de **sucre**
- 15 ml (1 c. à soupe) d'**huile de pépin de raisin**
- 125 ml (½ tasse) de **crème 15 %**
- 30 ml (2 c. à soupe) d'**aneth** ciselé
- **Sel**, **poivre**

Préparation

Mélanger le jus du demi-citron, le sel et le sucre. Ajouter l'huile, la crème, l'aneth et le poivre. Battre énergiquement.

Suggestion

À servir sur une salade verte, avec des lanières de saumon gravlax ou fumé.

Vinaigrette **au pamplemousse**

Ingrédients

- 45 ml (3 c. à soupe) de **jus de pamplemousse**
- 15 ml (1 c. à soupe) de **vinaigre de vin**
- 5 ml (1 c. à thé) de **moutarde**
- 75 ml (5 c. à soupe) d'**huile d'olive**
- **Sel**, **poivre**

Préparation

Mélanger le jus de pamplemousse, le vinaigre, le sel et le poivre. Remuer et ajouter la moutarde et l'huile d'olive sans cesser de fouetter.

Suggestion

Pour une salade d'agrumes (pamplemousse et orange) accompagnée de tranches d'avocat.

Vinaigrette **au thé vert**

Ingrédients

- 60 ml (¼ tasse) de **vinaigre de riz**
- 60 ml (¼ tasse) de **vinaigre de vin blanc**
- 5 ml (1 c. à thé) de **moutarde**
- 15 ml (1 c. à soupe) de **matcha** (thé vert en poudre)
- 125 ml (½ tasse) d'**huile de pépin de raisin**
- 125 ml (½ tasse) d'**huile de canola**
- 5 ml (1 c. à thé) d'**huile de sésame**
- **Sel**, **poivre**

Préparation

Mélanger le vinaigre de riz, le vinaigre de vin, le sel et le poivre. Ajouter la moutarde en continuant de fouetter. Verser peu à peu la poudre de thé vert, puis incorporer les huiles doucement.

Suggestion

À présenter avec des nouilles soba parsemées de graines de sésame grillées ou sur du saumon cuit ou en sashimi.

Vinaigrette **aux olives noires**

Ingrédients

- 30 ml (2 c. à soupe) de **vinaigre de vin**
- 15 ml (1 c. à soupe) de **purée d'olives noires**
- 60 ml (¼ tasse) d'**huile d'olive**
- **Sel**, **poivre**

Préparation

Mélanger le vinaigre, la purée d'olives et l'huile. Saler et poivrer.

Vinaigrette **à l'huile de noisette**

Ingrédients

- 15 ml (1 c. à soupe) de **vinaigre de Banyuls**
- 45 ml (3 c. à soupe) d'**huile de noisette**
- **Sel**, **poivre**

Préparation

Dissoudre le sel dans le vinaigre. Poivrer et ajouter peu à peu l'huile de noisette. Fouetter énergiquement.

Vinaigrette **aux olives et au yogourt**

Ingrédients

- 1 **citron** non traité
- 125 ml (½ tasse) d'**olives noires**
- 15 ml (1 c. à soupe) de **câpres**
- 6 filets d'**anchois**
- 7 ml (½ c. à soupe) de **moutarde**
- 60 ml (¼ tasse) d'**huile d'olive**
- 250 ml (1 tasse) de **yogourt**
- 60 ml (¼ tasse) de **crème 15 %**
- **Poivre**

Préparation

Dans le mélangeur, placer le jus du citron et son zeste, les olives noires, les anchois, les câpres, la moutarde et l'huile d'olive. À la pâte obtenue, incorporer délicatement le yogourt et la crème liquide.

Suggestion

Une autre façon d'agrémenter une salade de pâtes. Avec des tomates-cerises, c'est un délice!

Vinaigrette **à l'huile de noix**

Ingrédients

- 30 ml (2 c. à soupe) de **vinaigre de vin**
- 5 ml (1 c. à thé) de **moutarde**
- 30 ml (2 c. à soupe) d'**huile de noix**
- 30 ml (2 c. à soupe) d'**huile d'olive**
- **Sel**, **poivre**

Préparation

Mélanger le sel et le poivre du moulin au vinaigre de vin. Ajouter la moutarde, puis les huiles. Émulsionner et rectifier l'assaisonnement.

Suggestion

Pour accompagner une simple salade verte, mais aussi du poisson ou du poulet.

Salade chaude de lentilles au saumon fumé

Ingrédients

– 450 g (1 lb) de **lentilles** vertes
– 450 g (1 lb) de **saumon** fumé
– 1 **échalote** française
– **Sel**, **poivre**

Préparation

Cuire les lentilles dans trois fois leur volume d'eau. Les égoutter et les réserver au chaud. Ajouter le saumon fumé coupé en dés et la vinaigrette à l'huile de noix agrémentée de l'échalote hachée. Mélanger, saler et poivrer.

Chapitre 2
Les trempettes

Et si on faisait une petite trempette ?

Chez nous, cette expression prend toute sa signification à l'apéritif, à la collation ou devant la télévision. En général, des bâtonnets de légumes se laissent plonger, en toute occasion, dans des sauces crémeuses et savoureuses pour être croqués en libérant leur fraîcheur printanière. Et en plus, c'est santé !

Utilisée comme un condiment dans lequel on trempe des légumes, du pain, des croustilles ou des fruits, les trempettes agrémentent nos repas et sont incontournables lorsqu'on reçoit des amis.

Contrairement à l'utilisation commune des sauces qui sont versées sur la nourriture, les trempettes sont suffisamment onctueuses pour tenir au bâtonnet de légume ou de pain, qui est plongé directement avec les doigts et amené sans crainte à la bouche.

Différents types de trempettes existent de par le monde : qu'elles soient froides ou chaudes, on en trouve de toutes les couleurs et elles égayent l'assiette. Cette façon de manger semble d'ailleurs avoir toujours existé et amène la convivialité. Enfant, n'avons-nous pas tous aimé plonger des biscuits secs dans le petit contenant de fromage à la crème de notre collation ? Au déjeuner, les Français ne trempent-ils pas leur croissant du matin dans leur café ? Et n'oublions pas les frites, dans le ketchup !

Oui, le simple fait de tremper et d'amener la nourriture à sa bouche sans ustensiles nous rappelle de façon incontestable qu'il est agréable de manger avec les mains !

Chaudes ou froides, salées ou sucrées, les trempettes s'adaptent à toutes les envies. D'une simplicité exemplaire et rapides à réaliser, elles épateront la galerie : l'ajout d'une simple épice ou d'une herbe fine peut faire la différence, le choix de l'aliment à tremper aussi. De quoi pouvoir satisfaire tous les goûts !

Les trempettes chaudes

Les trempettes chaudes se font dans une petite casserole, au four ou directement dans une mini mijoteuse qui a l'avantage de les garder chaudes. À défaut de mini mijoteuse et pour ne pas se priver, il suffit d'utiliser un chauffe-plats : il maintiendra la chaleur des trempettes.

Trempette **chaude au fromage, au bacon et aux champignons**

Ingrédients

- 3 tranches **bacon**
- 250 ml (1 tasse) de **champignons**
- 250 ml (1 tasse) de **fromage à la crème**
- 250 ml (1 tasse) de **crème sure**
- 125 ml (½ tasse) de **cheddar**
- 6 brins de **ciboulette**
- **Poivre**

Préparation

Couper le bacon en petits morceaux et les faire revenir dans une poêle jusqu'à ce qu'ils soient croustillants. Réserver. Dans la même poêle, faire revenir les champignons émincés. Mélanger le fromage à la crème, la crème sure, le bacon et les champignons. Ajouter le cheddar râpé. Placer le tout dans une mini mijoteuse beurrée. Couvrir et cuire 1 h. Surveiller et remuer de temps en temps. À la fin de la cuisson, parsemer de ciboulette ciselée. À servir avec des croustilles ou des biscottes.

Suggestion

Léger, son parfum subtil est idéal pour accompagner une simple laitue. Il est possible de réaliser cette recette dans une casserole à feu doux. Vérifier souvent en mélangeant et en prenant soin de bien racler le fond, qui aura tendance à coller.

Trempette **chaude et crémeuse aux épinards**

Ingrédients

- 250 ml (1 tasse) de **fromage à la crème**
- 60 ml (¼ tasse) de **crème 15 %**
- 30 ml (2 c. à soupe) de **parmesan** râpé
- 1 **oignon**
- 5 ml (1 c. à thé) de **thym**
- 160 ml (⅔ tasse) d'**épinards**
- 1 **piment**
- 5 ml (1 c. à thé) de **sauce Worcestershire**
- 1 gousse d'**ail**
- **Sel**

Préparation

Mélanger le fromage à la crème à la crème et verser dans une mini mijoteuse beurrée. Couvrir et chauffer au maximum 1 h, jusqu'à ce que le fromage soit fondu. Ajouter les autres ingrédients et prolonger la cuisson 30 min. Servir avec des croustilles, des crudités, des craquelins ou des croûtons de pain.

Suggestion

Il est possible de réaliser cette recette dans une casserole à feu doux. Vérifier souvent en mélangeant et en prenant soin de bien racler le fond, qui aura tendance à coller.

Trempette **au fromage fondu**

Ingrédients

- 250 ml (1 tasse) de **Fontina**
- 250 ml (1 tasse) de **lait**
- 15 ml (1 c. à soupe) de **beurre**
- 2 **œufs**
- **Poivre**

Préparation

Couper le fromage en cubes et le recouvrir avec le lait. Placer au frais pendant 3 h. Transvaser dans un bain-marie. Ajouter le beurre et les œufs et laisser cuire doucement en mélangeant jusqu'à ce que cela devienne onctueux. Retirer du feu et poivrer.

Suggestion

Placer dans une mini mijoteuse ou sur un chauffe-plats pour la garder tiède.

Trempette chaude **à l'artichaud**

Ingrédients

- 60 ml (¼ tasse) de **crème sure**
- 60 ml (¼ tasse) de **mayonnaise**
- 125 ml (½ tasse) de **parmesan** râpé
- 250 ml (1 tasse) de **cœurs d'artichaut**
- 1 **piment**

Préparation

Mélanger la crème sure, la mayonnaise et le parmesan. Réduire les cœurs d'artichaut égouttés en purée et les ajouter au mélange. Couper le piment en rondelles et l'ajouter. Couvrir et chauffer pendant 1 h à la mini mijoteuse.

Suggestion

Il est possible de réaliser cette recette dans une casserole à feu doux. Vérifier souvent en mélangeant et en prenant soin de bien racler le fond, qui aura tendance à coller.

Trempette **aux framboises**

Ingrédients

- 250 ml (1 tasse) de **framboises**
- 30 ml (2 c. à soupe) de **vinaigre**
- 30 ml (2 c. à soupe) de **sucre**
- 2 ml (½ c. à thé) **Sambal oelek** (pâte de piments forts)
- 7 ml (½ c. à soupe) de **gingembre** frais râpé
- 2 gousses d'**ail**
- 15 ml (1 c. à soupe) de **jus de lime**
- 15 ml (1 c. à soupe) de **miel**
- 15 ml (1 c. à soupe) de **fécule de maïs**
- 15 ml (1 c. à soupe) d'**eau**
- **Sel**

Préparation

Réduire les framboises en purée dans un mélangeur. Passer la purée au tamis pour obtenir un coulis. Dans une casserole, mélanger le coulis de framboises aux autres ingrédients. Porter à ébullition en remuant constamment jusqu'à ce que la sauce s'épaississe. Servir chaud comme trempette pour les dumplings ou des petits pains chauds cuits à la vapeur.

Trempette chaude **aux crevettes**

Ingrédients

- 125 ml (½ tasse) de **fromage à la crème**
- 45 ml (3 c. à soupe) de **mayonnaise**
- 1 **oignon**
- 1 gousse d'**ail**
- ½ **citron**
- 30 ml (2 c. à soupe) de **concentré de tomate**
- 250 ml (1 tasse) de **crevettes cuites**
- **Sel**, **poivre**

Préparation

Dans un mélangeur, verser le fromage à la crème, la mayonnaise, l'oignon émincé, l'ail écrasé, le jus du demi-citron et la purée de tomate. Ajouter les crevettes et mélanger jusqu'à l'obtention d'un mélange crémeux. Verser dans une mini mijoteuse, couvrir et chauffer pendant 1 h. Servir avec des légumes, du pain, des croustilles et des biscottes.

Suggestion

Il est possible de réaliser cette recette dans une casserole à feu doux. Vérifier souvent en mélangeant et en prenant soin de bien racler le fond, qui aura tendance à coller.

Trempette **de brie**

Ingrédients

- 1 **brie** double ou triple crème
- 3 brins de **ciboulette**

Préparation

Préchauffer le four à 400 °F (200 °C). Placer le brie sur du papier parchemin, puis poser le tout sur une plaque de cuisson, et couvrir d'un chapeau formé d'une feuille de papier aluminium. Cuire au four préchauffé pendant 15 à 20 min, jusqu'à ce que le brie soit mou. Sortir le brie et, dans la croûte, inciser un X pour ouvrir la surface du fromage. Replacer le brie ouvert au four. Prolonger la cuisson jusqu'à ébullition. Parsemer de la ciboulette ciselée.

Suggestion

Servir avec des croûtons de pain et des cornichons.

Les trempettes froides

Houmous

Ingrédients

- 540 ml (2 ¼ tasses) de **pois chiches** en conserve
- 1 **citron**
- 15 ml (1 c. à soupe) **tahini** (pâte de sésame)
- 2 gousses d'**ail**
- 1 ml (¼ c. à thé) de **cumin**
- 15 ml (1 c. à soupe) d'**huile d'olive**
- **Sel**, **poivre**

Préparation

Passer les pois chiches au moulin à légumes pour obtenir une purée. Ajouter le jus du citron, le tahini, l'ail et le cumin. Mélanger et ajouter de l'eau si le mélange est trop épais. Goûter et saler. Arroser d'un filet d'huile d'olive.

Suggestion

Pour accompagner le pain pita ou lavash, des légumes en bâtonnets et des radis
En farcir des tomates ou en garnir des croûtons frottés à l'ail.

Trempette **à l'avocat**

Ingrédients

– 2 **avocats** bien mûrs
– 1 **citron** non traité
– 4 petits **oignons** nouveaux
– 1 **piment** rouge frais
– **Sel**

Préparation

Couper la chair de l'avocat en cubes. Râper le zeste de citron pour en obtenir 1 c. à soupe. Presser le citron. Mélanger le tout et saler. Couper les oignons et le piment et les ajouter à la purée d'avocat. Mixer le tout jusqu'à l'obtention d'une purée.

Suggestion

Servir avec des tortillas, du pain grillé, des légumes en bâtonnets et du poulet froid, ou, allongée d'huile, en sauce à salade.

Guacamole **à la lime**

Ingrédients

- 2 **avocats** bien mûrs
- 10 ml (2 c. à thé) de **jus de lime**
- 5 ml (1 c. à thé) de **cumin**
- 5 ml (1 c. à thé) de **coriandre** en poudre
- 1 **piment**
- **Sel**, **poivre**

Préparation

Écraser l'avocat à la fourchette. Ajouter le jus de lime, les épices et le piment émincé. Saler et poivrer.

Avocat **en crème fouettée**

Ingrédients

- 2 **avocats** bien mûrs
- ½ **lime**
- 250 ml (1 tasse) de **crème 35 %** froide
- **Sel**, **poivre**

Préparation

Mixer la chair de l'avocat avec le jus de la demi-lime. Saler et poivrer. Fouetter la crème et incorporer délicatement et peu à peu la purée d'avocat. Garder au frais le temps de servir.

Suggestion

Pour décorer un gaspacho froid servi en verrines.

Houmous de gourganes
à la coriandre

Ingrédients

- 375 ml (1 ½ tasse) de **gourganes** fraîches
- 1 petite gousse d'**ail**
- 3 branches de **coriandre**
- 45 ml (3 c. à soupe) d'**huile d'olive**
- 30 à 45 ml (2 à 3 c. à soupe) de **jus de citron**
- **Sel**, **poivre**

Préparation

Faire bouillir de l'eau dans une grande casserole. Y plonger les gourganes et laisser cuire 3 min. Égoutter les fèves et les passer sous l'eau froide. Une fois qu'elles sont refroidies, éplucher les gourganes, les mettre dans un bol avec l'ail haché, les feuilles de coriandre, l'huile et le jus de citron. Mixer jusqu'à l'obtention d'une texture crémeuse (ajouter un peu d'huile ou de l'eau si la préparation est trop compacte). Assaisonner et déguster avec des craquelins, du pain grillé coupé en longueur ou des biscottes.

Suggestion

Il est préférable de ne pas préparer cette recette trop à l'avance pour en conserver toutes les saveurs.

Tapenade **au thon**

Ingrédients

- 80 ml (⅓ tasse) de **thon à l'huile** égoutté
- 80 ml (⅓ tasse) de **câpres**
- 2 gousses d'ail
- 250 ml (1 tasse) d'**olives vertes** dénoyautées
- **Sel**, **poivre**
- 1 branche de **thym**
- 160 ml (⅔ tasse) d'**huile d'olive**

Préparation

Mixer le tout au robot-mélangeur en ajoutant l'huile peu à peu.

Suggestion

Présenter dans de petits verres décorés de persil et d'une fine tranche de citron. Préparer du pain à l'huile d'olive.

Betterave **crémeuse**

Ingrédients

- 250 ml (1 tasse) de **betteraves** cuites
- 1 gousse d'**ail**
- 250 ml (1 tasse) de **haricots blancs** en conserve
- 30 ml (2 c. à soupe) de **crème fraîche**
- ½ **citron**
- 60 ml (¼ tasse) d'**huile d'olive**
- **Sel**, **poivre**

Préparation

Peler les betteraves et les couper en morceaux. Peler l'ail et le dégermer. Rincer les haricots et les mixer finement avec les morceaux de betteraves, l'ail et la crème. Saler et poivrer. Ajouter un filet de jus de citron et mélanger. Arroser d'un filet d'huile d'olive.

Suggestion

Pour y tremper des tortillas.

Purée **d'aubergine**

Ingrédients

- 2 **aubergines**
- 1 **citron**
- 4 gousses d'**ail**
- 250 ml (1 tasse) de **yogourt** nature
- 6 branches de **coriandre**
- 30 ml (2 c. à soupe) d'**huile d'olive**
- **Sel**, poivre

Préparation

Préchauffer le four à 300 °F (150 °C). Poser les aubergines dans une lèchefrite. Mettre au four préchauffé jusqu'à cuisson complète des aubergines. Laisser refroidir, puis couper les aubergines en deux et en racler la chair avec une cuillère. Réduire la chair en purée dans un mélangeur, ajouter le jus de citron, trois gousses d'ail et le yogourt. Saler et poivrer. Parsemer de coriandre hachée. Bien mélanger et réfrigérer. Avant de servir, émulsionner une gousse d'ail avec l'huile d'olive. Badigeonner de cette huile parfumée des tranches de pain et les faire griller pour accompagner la purée d'aubergine.

Suggestion

Pour tremper du pain grillé et parfumé d'huile d'olive.

Trempette crémeuse **à l'aubergine**

Ingrédients

- 1 grosse **aubergine**
- 30 ml (2 c. à soupe) d'**huile d'olive**
- 1 **oignon**
- 2 gousses d'**ail**
- ½ bouquet de **persil**
- 75 ml (5 c. à soupe) de **crème sure**
- Quelques gouttes de **Tabasco**
- **Sel**, **poivre**

Préparation

Préchauffer le four à 300 °F (150 °C). Mettre l'aubergine sur du papier parchemin et la faire griller 20 à 30 min en la retournant. La retirer du four quand elle est molle et la laisser refroidir. Dans une poêle, mettre l'huile et y faire revenir l'oignon et l'ail. Retirer la peau de l'aubergine et en écraser la chair à la fourchette. Ajouter l'oignon et l'ail, le persil haché et la crème sure. Saler, poivrer et assaisonner de Tabasco, au goût.

Suggestion

Servir tiède.

Caviar **de poivrons**

Ingrédients

- 4 **poivrons** rouges
- 60 ml (¼ tasse) d'**huile d'olive**
- 60 ml (¼ tasse) de **fromage** frais
- **Sel**, **poivre**

Préparation

Chauffer le four à 400 °F (200 °C). Mettre les poivrons sur la grille et les faire cuire jusqu'à ce que la peau soit noircie et se détache facilement. Les couvrir jusqu'à refroidissement et les peler. Retirer les graines. Mixer la chair tout en ajoutant l'huile d'olive et le fromage frais. Saler et poivrer.

Suggestion

Pour accompagner le pain grillé, des filets d'anchois et des olives hachées. Déguster avec du poulet froid ou du poisson en papillote.

Aïoli

Ingrédients

- 2 gousses d'**ail**
- 2 jaunes d'**œuf**
- 30 ml (2 c. à soupe)
  d'**huile d'olive**
- **Sel**, **poivre**

Préparation

Écraser les gousses d'ail en purée. Ajouter les jaunes d'œuf à température ambiante et verser peu à peu l'huile en fouettant constamment pour monter une mayonnaise. Saler et poivrer.

Suggestion

Avec des crevettes, des langoustines, des artichauts, des légumes cuits ou crus, des pommes de terre vapeur, des œufs durs ou du poisson poché. Si la mayonnaise ne monte pas, battre un jaune d'œuf et y verser, peu à peu, en filet, le mélange de la mayonnaise raté. Elle sera ainsi récupérée.

Mayonnaise **au cari**

Ingrédients

- 1 **jaune d'œuf**
- 125 ml (½ tasse) d'**huile de canola**
- 30 ml (2 c. à soupe) de **vinaigre**
- 15 ml (1 c. à soupe) de **jus de citron**
- 15 ml (1 c. à soupe) de **cari** en poudre
- 1 gousse d'**ail**
- 3 branches de **persil**
- **Sel**, **poivre**

Préparation

Battre le jaune d'œuf et y verser peu à peu l'huile tout en continuant de fouetter. Ajouter les autres ingrédients. Saler et poivrer. Réserver au frais.

Trempette **aux pignons de pin**

Ingrédients

- 125 ml (½ tasse) de **pignons de pin**
- 15 ml (1 c. à soupe) d'**huile d'olive**
- 5 à 10 ml (1 à 2 c. à thé) de **jus de citron**
- 1 ml (¼ c. à thé) de **sel**
- 1 ml (¼ c. à thé) de **gingembre** frais râpé
- 1 ml (¼ c. à thé) de **piment** en poudre
- 45 à 60 ml (3 à 4 c. à soupe) de **yogourt** grec
- **Sel**, **poivre**

Préparation

Mixer tous les ingrédients au robot-mélangeur jusqu'à l'obtention d'une crème. Goûter et assaisonner à votre goût.

Suggestion

Servir avec des légumes crus ou en garnir des sandwiches.

Trempette **asiatique**

Ingrédients

- 30 ml (2 c. à soupe) de **sauce soya**
- 125 ml (½ tasse) de **mayonnaise**
- 15 ml (1 c. à soupe) d'**huile de sésame**
- 10 ml (2 c. à thé) de **graines de sésame**

Préparation

Mélanger la sauce soya, la mayonnaise et l'huile de sésame. Parsemer de graines de sésame.

Suggestion

Délicieux avec des bâtonnets de concombre.

Tzatziki

Ingrédients

– 1 **concombre**

– 250 ml (1 tasse) de **yogourt** nature

– 1 gousse d'**ail**

– 2 ml (½ c. à thé) de **moutarde**

– 15 ml (1 c. à soupe) d'**huile d'olive**

– 45 ml (3 c. à soupe) d'**aneth**

– **Sel**, **poivre**

Préparation

Râper le concombre pelé. Laisser dégorger pendant 1 h avec 1 c. à thé de sel. Dans un autre bol, verser le yogourt, la gousse d'ail pressée, la moutarde et le poivre. Mélanger cette préparation au concombre et y verser peu à peu l'huile d'olive. Ajouter l'aneth ciselé et servir bien frais.

Trempette **relevée**

Ingrédients

– 1 jaune d'**œuf**
– 30 ml (2 c. à soupe) de **vinaigre de vin blanc**
– 180 ml (¾ tasse) d'**huile d'olive**
– 2 gousses d'**ail**
– 1 **piment**
– **Sel**, poivre

Préparation

Mélanger le jaune d'œuf et le vinaigre. Verser peu à peu l'huile d'olive en continuant de battre jusqu'à épaississement. Ajouter l'ail écrasé. Saler et poivrer. Parsemer de rondelles de piment.

Trempette **satay**

mélangeur, puis y ajouter l'huile de canola. Réserver. Dans le mélangeur, mettre l'oignon grossièrement émincé, l'ail, le piment, le gingembre, un peu de zeste de citron, le cumin et les branches de coriandre hachées. Mixer jusqu'à l'obtention d'une pâte onctueuse. Faire chauffer un peu d'huile de canola additionnée de l'huile de sésame et faire revenir le dernier mélange pendant 10 min. Mélanger à la pâte d'arachides. Ajouter le lait de coco, la sauce soya et le jus de citron. Saler et poivrer.

Ingrédients

- 160 ml (⅔ tasse) d'**arachides**
- 45 ml (3 c. à soupe) d'**huile de canola**
- 1 **oignon**
- 2 gousses d'**ail**
- 1 **piment**
- 2,5 cm de **gingembre**
- 1 **citron** non traité
- 2 ml (½ c. à thé) de **cumin**
- 4 branches de **coriandre**
- 15 ml (1 c. à soupe) d'**huile de sésame**
- 180 ml (¾ tasse) de **lait de coco**
- 30 ml (2 c. à soupe) de **sauce soya**
- **Sel, poivre**

Préparation

Boyer les arachides dans un

Suggestion

Pour accompagner des légumes en bâtonnets, mais aussi des ailes de poulet.

Trempette **crémeuse aillée**

Ingrédients

- ½ **concombre**
- 2 gousses d'**ail**
- 90 ml (6 c. à soupe) d'**huile d'olive**
- 1 **tomate**
- 15 ml (1 c. à soupe) de **vinaigre de vin blanc**
- 180 ml (¾ tasse) de **crème sure**
- **Sel**, **poivre**

Préparation

Mélanger le concombre coupé en petits dés, les gousses d'ail écrasées, l'huile d'olive, la tomate épépinée coupée en dés et le vinaigre. Laisser reposer et égoutter. Incorporer la crème sure. Saler et poivrer.

Purée **de tomates**

Ingrédients

- 1 **oignon**
- 5 ml (1 c. à thé) d'**huile d'olive**
- 2 **tomates** bien juteuses
- 15 ml (1 c. à soupe) de **vin blanc** ou **rouge**
- **Sel**, **poivre**

Préparation

Faire revenir l'oignon émincé dans l'huile d'olive. Ajouter les tomates et le vin. Porter à ébullition et laisser mijoter jusqu'à évaporation du liquide. Saler et poivrer.

Trempette **à la tomate**

Ingrédients

- 4 **tomates**
- 1 **oignon**
- 60 ml (¼ tasse) de **purée de tomates**
- 30 ml (2 c. à soupe) d'**huile d'olive**
- 15 ml (1 c. à soupe) de **sucre**
- 15 ml (1 c. à soupe) d'**origan**
- 3 gousses d'**ail**
- 1 **piment** rouge
- 15 ml (1 c. à soupe) de **persil**
- **Sel**, **poivre**

Préparation

Dans le mélangeur, mixer tous les ingrédients. Saler, poivrer et parsemer de persil.

Trempette **au bleu**

Ingrédients

- 160 ml (⅔ tasse) de **fromage bleu** persillé
- 160 ml (⅔ tasse) de **fromage à la crème**
- 75 ml (5 c. à soupe) de **yogourt** nature
- **Sel**, **poivre**

Préparation

Émietter le bleu dans un saladier et le battre avec une cuillère de bois. Ajouter le fromage à la crème et mélanger. Ensuite, ajouter peu à peu le yogourt afin de trouver la consistance désirée pour faire trempette. Poivrer et réserver au frais.

Suggestion

Délicieuse avec des quartiers de poires ou des bâtonnets de légumes frais, et étonnant avec des tronçons de céleri.

Trempette **à la coriandre**

Ingrédients

- 125 ml (½ tasse) de **yogourt** nature
- 125 ml (½ tasse) de **fromage** frais
- 80 ml (⅓ tasse) de **salsa***
- 5 branches de **coriandre**
- **Sel**, **poivre**

*Salsa du commerce ou voir la recette qui suit.

Préparation

Bien mélanger les ingrédients et placer au réfrigérateur au moins 2 h. Saupoudrer du reste de coriandre ciselée.

Salsa

Ingrédients

- 3 **tomates**
- 1 **échalote** française
- 1 gousse d'**ail**
- 1 **piment**
- 15 ml (1 c. à soupe) de **vinaigre de vin**
- 10 ml (2 c. à thé) de **jus de citron**
- 10 ml (2 c. à thé) d'**huile d'olive**

Préparation

Ébouillanter les tomates pour en retirer la peau, puis les couper en petits dés. Hacher l'échalote, la gousse d'ail et le piment. Mélanger. Ajouter le vinaigre, le jus de citron et l'huile d'olive. Couvrir et mettre au frais pendant au moins 2 h.

Trempette **de fruits au gingembre et au citron**

Ingrédients

- 125 ml (½ tasse) de **yogourt** nature
- 125 ml (½ tasse) de **fromage** frais
- 22 ml (1 ½ c. à soupe) de **miel**
- 5 ml (1 c. à thé) de **jus de citron**
- 2 ml (½ c. à thé) de **zeste de citron**
- 2 ml (½ c. à thé) de **gingembre** frais

Préparation

Bien mélanger les ingrédients et placer au réfrigérateur au moins 2 h. Saupoudrer d'un peu de zeste de citron supplémentaire.

Raïta **à l'oignon rouge**

Ingrédients

– 1 **oignon** rouge
– 1 petit **piment** vert
– ¼ de bouquet de **coriandre**
– 1 gousse d'**ail**
– 160 ml (⅔ tasse) de **yogourt** nature
– 5 ml (1 c. à thé) de **cumin**
– 2 ml (½ c. à thé) de **sucre**
– **Sel**

Préparation

Émincer l'oignon rouge, couper le piment en fines rondelles et ciseler les feuilles de coriandre. Presser la gousse d'ail. Mélanger au yogourt et ajouter le cumin en poudre. Sucrer, saler et bien mélanger. Réserver au frais.

Suggestion

Pour tremper des pappadums (petits pains indiens), mais aussi des bâtonnets de carotte ou de concombre. Les raïtas sont des préparations indiennes, avec des variantes régionales, consommées froides. Sorte de salade au yogourt, elles accompagnent un cari très épicé en apportant au palais un peu de fraîcheur et de douceur, tout en apaisant le feu du piment.

Trempette **au thon**

Ingrédients

- 170 g (1 boîte de 6 oz) de **thon**
- 2 ml (½ c. à thé) de **paprika**
- 250 ml (1 tasse) de **yogourt** nature
- 15 ml (1 c. à soupe) de **moutarde**
- **Sel**, **poivre**

Préparation

Mettre le thon égoutté dans le mélangeur. Ajouter le paprika et réduire légèrement. Avec une cuillère de bois et dans un petit contenant, mélanger cette préparation au yogourt et à la moutarde. Saler et poivrer. Fermer le couvercle et réserver au frais.

Trempette **aux haricots blancs**

Ingrédients

- 375 ml (1 ½ tasse) de **haricots blancs**
- 1 gousse d'**ail**
- 15 ml (1 c. à soupe) d'**huile d'olive**
- 15 ml (1 c. à soupe) de **graines de sésame**
- 5 ml (1 c. à thé) d'**huile de sésame**
- **Sel**, **poivre**

Préparation

Égoutter les haricots blancs en réservant un peu de jus, et dans un mélangeur, réduire les haricots en purée avec la gousse d'ail. Verser dans un bol et ajouter peu à peu l'huile d'olive. Saler et poivrer. Mélanger à la cuillère de bois et, au besoin, ajouter un peu de jus des haricots. Couvrir et mettre au réfrigérateur. Au moment de servir, arroser la préparation avec de l'huile de sésame et parsemer de graines de sésame.

Trempette **à la purée d'ail**

Ingrédients

- 15 ml (1 c. à soupe) d'**huile d'olive**
- 2 têtes d'**ail**
- 60 ml (¼ tasse) de **mayonnaise**
- 75 ml (5 c. à soupe) de **yogourt** nature
- 5 ml (1 c. à thé) de **moutarde à l'ancienne**
- **Sel**, **poivre**

Préparation

Dans un plat allant au four, verser l'huile d'olive, y placer les gousses d'ail et les cuire 5 min au four préchauffé à 400 °F (200 °C). Une fois les têtes d'ail grillées, retirer les peaux des gousses et réduire ces dernières en purée. Mélanger avec la mayonnaise, le yogourt et la moutarde à l'ancienne. Poivrer et mettre au frais.

Suggestion

Pour tremper des tortillas, des biscottes ou des craquelins.

Trempette **au fromage cottage et au poivron rouge**

Ingrédients

– 1 **poivron** rouge

– 250 ml (1 tasse) de **fromage cottage**

– 45 ml (3 c. à soupe) de **yogourt** nature

– 15 ml (1 c. à soupe) de **miel**

– 15 ml (1 c. à soupe) d'**huile d'olive**

– **Sel**, **poivre**

Préparation

Laver le poivron rouge, en retirer les graines et le couper grossièrement. Mettre le poivron dans le mélangeur pour en réduire finement les morceaux. Ajouter le fromage cottage, le yogourt et le miel, puis mélanger de nouveau. Mettre la préparation dans un bol et mélanger avec de l'huile d'olive, du sel et du poivre du moulin. Couvrir et réfrigérer.

Tarama

Ingrédients

- 250 ml (1 tasse) d'**œufs de morue**
- 30 ml (2 c. à soupe) d'**huile de pépin de raisin**
- 1 **citron**
- 30 ml (2 c. à soupe) de **crème sure**
- **Poivre**

Préparation

Sortir les œufs de cabillaud de leur poche et les placer dans un grand bol. À l'aide d'une fourchette, les détacher en les écrasant. Ajouter peu à peu l'huile. Mélanger jusqu'à l'obtention d'une pâte lisse. Ajouter le jus de citron et la crème sure. Poivrer. Réserver au réfrigérateur et servir avec des lichettes de pain grillé. Se garde trois jours au réfrigérateur.

Pesto **pistaches-coriandre**

Ingrédients

– 1 bouquet de **coriandre**
– 125 ml (½ tasse) de **pistaches**
– 1 gousse d'**ail**
– 125 ml (½ tasse) d'**huile d'olive**
– **Sel**, **poivre**

Préparation

Laver, sécher et effeuiller le bouquet de de coriandre. Hacher finement les pistaches et les mixer avec la coriandre dans un mélangeur. Ajouter la gousse d'ail, saler et poivrer. Ajouter l'huile dans le mélangeur en marche.

Pesto **de roquette et de noisettes**

Ingrédients

- 500 ml (2 tasses) de **roquette**
- 125 ml (½ tasse) de **noisettes**
- 1 gousse d'**ail**
- 125 ml (½ tasse) d'**huile d'olive**
- **Sel**, **poivre**

Préparation

Laver et sécher les feuilles de roquette. Hacher finement les noisettes et les mixer avec la roquette dans un mélangeur. Ajouter la gousse d'ail, saler et poivrer. Ajouter l'huile dans le mélangeur en marche.

Pesto de menthe, de roquette et d'amandes

Ingrédients

- 250 ml (1 tasse) de **roquette**
- 125 ml (½ tasse) de **menthe**
- 60 ml (¼ tasse) **d'amandes** grillées
- 1 gousse d'**ail**
- 125 ml (½ tasse) d'**huile d'olive**
- **Sel**, **poivre**

Préparation

Laver et sécher les feuilles de roquette et de menthe. Hacher finement les amandes grillées et les mixer avec les feuilles dans un mélangeur. Ajouter la gousse d'ail, saler et poivrer. Ajouter l'huile dans le mélangeur en marche.

Trempette **à la mangue**

Ingrédients

- 1 **mangue** bien mûre
- 30 ml (2 c. à soupe) d'**huile d'olive**
- 1 **lime**
- 1 petit **piment**
- **Sel**

Préparation

Réduire la chair de la mangue en purée, ajouter l'huile d'olive, un peu de jus de lime et le piment. Saler.

Crème fouettée **à la moutarde violette**

Ingrédients

- 250 ml (1 tasse) de **crème à fouetter** froide
- 10 ml (1 c. à thé) de **moutarde** violette
- **Sel**, **poivre**

Préparation

Fouetter la crème avec la moutarde. Saler et poivrer.

Trempette **à la courge musquée et au parmesan**

Ingrédients

- 1 **courge musquée** (butternut)
- 15 ml (1 c. à soupe) de **beurre**
- 4 gousses d'**ail**
- 30 ml (2 c. à soupe) de **parmesan** râpé
- 75 ml (5 c. à soupe) de **crème sure**
- **Sel**, **poivre**

Préparation

Préchauffer le four à 400 °F (200 °C). Couper la courge en deux et en retirer les graines. Avec un couteau, faire des croisillons dans la chair et la beurrer. Mettre dans un plat et placer au four pendant 20 min. Ajouter les gousses d'ail dans leur peau et continuer la cuisson 20 min. Retirer la chair de la courge et des gousses d'ail et les placer dans un mélangeur pour les réduire en purée. Y verser peu à peu le parmesan, puis la crème sure.

Suggestion

À servir de préférence avec des croustilles au fromage.

Trempette **aux carottes**

Ingrédients

- 1 **oignon**
- 4 **carottes**
- 30 ml (2 c. à soupe) d'**huile d'olive**
- 15 ml (1 c. à soupe) de **cari** épicé
- 125 ml (½ tasse) de **yogourt** nature
- 30 ml (2 c. à soupe) de **jus de citron**
- Quelques gouttes de **Tabasco**
- 2 branches de **persil**
- **Sel**, poivre

Préparation

Émincer l'oignon et râper les carottes. Dans une casserole, mettre l'huile et y faire revenir les oignons. Ajouter les carottes et le cari. Couvrir et cuire 10 min. Dans le mélangeur, réduire les carottes en purée. Laisser refroidir et ajouter le yogourt. Mélanger, ajouter le jus de citron et le tabasco. Saler et poivrer. Réfrigérer et garnir de persil avant de servir.

Suggestion

Servir avec des craquelins au blé entier ou des tortillas.

Trempette **au thon et aux olives**

Ingrédients

- 170 g (1 boîte de 6 oz) de **thon** dans l'huile
- 3 **œufs** durs
- 180 ml (¾ tasse) d'**olives vertes**
- 4 filets d'**anchois**
- 45 ml (3 c. à soupe) de **câpres**
- 30 ml (2 c. à soupe) de **moutarde de Dijon**
- **Poivre**

Préparation

Égoutter le thon. Retirer le jaune des œufs et les placer dans un mélangeur. Ajouter les olives, le thon, les filets d'anchois, les câpres et la moutarde et mixer jusqu'à l'obtention d'une purée lisse. Mettre dans un bol et verser dessus un filet d'huile d'olive.

Suggestion

Pour y tremper des biscottes.

Les trempettes dessert

Les trempettes sucrées accompagnent les morceaux de fruits entiers, les biscuits à peine sucrés, les gaufres coupées en languettes, etc.

Trempette **au chocolat noir et à la banane**

Ingrédients

– 60 g (2 oz) de **chocolat noir**
– 2 **bananes**

Préparation

Faire fondre le chocolat au bain-marie. Mettre les bananes dans le mélangeur et les réduire en purée. Y ajouter peu à peu le chocolat fondu et tempéré.

Suggestion

Servir avec des fraises, des quartiers de kiwi, des morceaux de pêche, d'ananas ou autre.

Trempette **à la papaye**

Ingrédients

– 2 **papayes**
– 250 ml (1 tasse) de **crème 35 %**

Préparation

Couper les papayes en deux et en retirer les graines. Les peler et en placer la chair dans un mélangeur avec la crème. Réduire en purée.

Trempette **de caramel au beurre salé**

Ingrédients

- 80 ml (⅓ tasse) de **sucre**
- 1 ml (¼ c. à thé) de **jus de citron**
- 30 ml (2 c. à soupe) d'**eau**
- 60 ml (¼ tasse) de **beurre salé**

Préparation

Dans une casserole, faire fondre le sucre avec le jus de citron et l'eau. Quand le sucre commence à prendre sa couleur caramel, ajouter le beurre et bien mélanger.

Trempette **au sirop d'érable**

Ingrédients

- 250 ml (1 tasse) de **sirop d'érable**
- 125 ml (½ tasse) de **crème 35 %**

Préparation

Mélanger le sirop d'érable et la crème. Porter à ébullition, puis laisser mijoter à feu doux environ 5 min. Laisser refroidir et réfrigérer.

Trempette **de mascarpone**

Ingrédients

- 420 ml (1 ⅔ tasse) de **mascarpone**
- 2 jaunes d'**œuf**
- 60 ml (¼ tasse) de **sucre en poudre**

Préparation

Dans un bol, mélanger le mascarpone aux jaunes d'œuf et au sucre en poudre. Fouetter jusqu'à ce que le mélange soit uniforme et onctueux.

Crème pâtissière **à la vanille**

Ingrédients

- 1 gousse de **vanille**
- 500 ml (2 tasses) de **lait**
- 6 jaunes d'**œuf**
- 60 ml (¼ tasse) de **sucre**

Préparation

Inciser la gousse de vanille en deux sur la longueur. En gratter les graines et dans une petite casserole, les ajouter au lait, avec l'enveloppe de la gousse de vanille. Porter à ébullition au bain-marie. Dans un bol, battre les jaunes d'œuf et le sucre. Ajouter lentement le lait bouilli. Remettre le tout au bain-marie et cuire sans cesser de tourner à la cuillère de bois. Dès que le mélange commence à épaissir, le retirer du feu. La sauce ne doit surtout pas bouillir.

Suggestion

Si la sauce est trop liquide, ajouter 2 ml d'agar-agar ou une feuille de gélatine préalablement trempée. Si la sauce a caillé, la verser dans un mélangeur et faire tourner le moteur à la vitesse maximale. Elle retrouvera ainsi toute son onctuosité.

Trempette **au café**

Ingrédients

- 30 ml (2 c. à soupe) de **beurre**
- 30 ml (2 c. à soupe) de **sucre**
- 250 ml (1 tasse) de **crème** fraîche
- 15 ml (1 c. à soupe) de **café** instantané
- 5 ml (1 c. à thé) de **rhum**

Préparation

Faire fondre le beurre et ajouter le sucre afin de le caraméliser. Verser la crème en continuant à remuer et cuire le mélange environ 2 min. Ajouter le café instantané et le rhum. Mélanger.

Suggestion

Si la sauce est trop liquide, ajouter 2 ml d'agar-agar ou une feuille de gélatine préalablement trempée.

Trempette **de mangue**

Ingrédients

- 1 **mangue** mûre
- 15 ml (1 c. à soupe) de **miel**
- 15 ml (1 c. à soupe) de **jus de citron**
- 125 ml (½ tasse) d'**eau**

Préparation

Faire bouillir la mangue dans l'eau. Ajouter le miel et le jus de citron. Cuire à feu doux environ 5 min. Une fois la trempette refroidie, la placer au réfrigérateur.

Suggestion

Si la sauce est trop liquide, ajouter 2 ml d'agar-agar ou une feuille de gélatine préalablement trempée.

Trempette chaude **au chocolat noir**

Ingrédients

– 100 g (1 tablette) de **chocolat noir 70 %**

– 5 ml (1 c. à thé) de **beurre**

– 250 ml (1 tasse) petites **guimauves**

– 30 ml (2 c. à soupe) de **lait**

– 60 ml (¼ tasse) de **crème 15 %**

Préparation

Dans une mini mijoteuse, mettre le chocolat en morceaux, le beurre, les guimauves et le lait. Couvrir et chauffer 30 min, jusqu'à ce que le chocolat et les guimauves aient fondu et que le mélange devienne onctueux. Remuer de temps en temps, puis incorporer peu à peu la crème. Couvrir et laisser chauffer encore 30 min. Servir avec des morceaux de fruits, du gâteau coupé en cubes ou des guimauves.

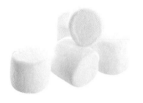

Suggestion

Il est possible de réaliser cette recette dans une casserole à feu doux. Vérifier souvent en mélangeant et en prenant soin de bien racler le fond, qui aura tendance à coller.

Trempette à la crème de marrons

Ingrédients

- 125 ml (½ tasse) de **sucre**
- 4 jaunes d'**œuf**
- 250 ml (1 tasse) de **crème 35 %**
- 75 ml (5 c. à soupe) de **purée de marrons**

Préparation

Battre le sucre et les jaunes d'œuf en mousse. Continuer de battre en fouettant dans un bain-marie. Ajouter la moitié de la crème et continuer de mélanger jusqu'à l'obtention d'une crème onctueuse. Ajouter la crème de marrons et réfrigérer.

Trempette chaude
au chocolat noir et au rhum

Ingrédients

- 200 g (2 tablettes) de **chocolat noir**
- 125 ml (½ tasse) de **crème 15 %**
- 45 ml (3 c. à soupe) de **sucre**
- 15 ml (1 c. à soupe) de **rhum**

Préparation

Faire fondre le chocolat au bain-marie. Ajouter la crème et le sucre, puis mélanger jusqu'à l'obtention d'une crème homogène. Arroser de rhum.

Suggestion

Parfumer le chocolat avec le zeste d'une orange non traitée. Y plonger des biscuits et des morceaux de fruits. Tartiner sur des crêpes chaudes. Utiliser une mini mijoteuse ou un chauffe-plats pour la garder au chaud. Peut se déguster froide.

Trempette chaude **aux petits fruits**

Ingrédients

- 450 g (1 lb) de **fraises**, **mûres**, **framboises** et/ou **bleuets**
- 160 ml (⅔ tasse) de **sucre**
- 1 **citron**
- 500 ml (2 tasses) d'**eau**

Préparation

Laver les fruits. Les faires mijoter environ 20 min avec le sucre, le jus de citron et l'eau.

Suggestion

Utiliser une mini mijoteuse ou un chauffe-plats pour la garder au chaud. Peut être servie froide.

Chapitre 3
Les marinades

Les marinades

Les marinades sont des mélanges de condiments où sont baignés plus ou moins longtemps (de quelques minutes à toute une nuit) des viandes, des poissons, des légumes ou des fruits. Qu'elles soient crues ou cuites, les marinades sont idéales pour les cuissons rapides.

Cette pratique culinaire ancienne, qui consistait au départ à tremper les aliments dans un mélange de vin, de vinaigre, d'eau, de sel, d'herbes et d'épices, adoucissait non seulement le goût prononcé du gibier, mais avait surtout pour fonction de conserver la viande plus longtemps. Aujourd'hui, les marinades parfument, aromatisent et attendrissent les fibres de la viande et conservent les légumes, le poisson ou les fruits, tout en en renforçant la saveur.

Les marinades crues

Elles imprègnent l'aliment de ses parfums d'herbes ou d'épices de la marinade, mais « cuira » aussi par l'action du vinaigre ou du citron. La plupart des aliments préparés de cette façon pourront être mangés crus, à condition d'être frais, surtout s'il s'agit de viande ou de poisson.

La marinade crue est acide et doit être préparée dans un récipient en verre ou en porcelaine.

Les marinades cuites

Elles concernent surtout les viandes ou les poissons. Pendant que la viande marine, l'huile la préservera en l'empêchant de se dessécher lors de la cuisson au barbecue, au four ou à la poêle, et la viande attendrie par la marinade en sera d'autant plus savoureuse. Les pièces sont souvent retournées et, une fois prêtes à la cuisson, égouttées. La marinade réservée sert souvent pour déglacer, c'est-à-dire pour dissoudre les sucs caramélisés résultant de la cuisson de la viande, pour la confection de la sauce d'accompagnement.

La composition d'une marinade

Une marinade est composée essentiellement d'un élément gras, l'huile, et d'un élément acide, le vinaigre, le citron ou le vin, auxquels seront ajoutées des herbes ou des épices.

Huile

Elle humidifie et protège la viande, surtout lors de la cuisson. Si la cuisson est faite au barbecue, préférer l'huile d'olive ou de pépin de raisin, qui supporteront mieux la chaleur.

Vinaigre et le citron

Les acides attendrissent la viande et atténuent les sucres contenus dans le vin, le miel, le sirop d'érable ou d'autres composantes de la marinade.

Herbes

Pour les marinades, les herbes séchées sont préférables. En effet, elles vont se réhydrater pendant la macération et elles résisteront mieux à la chaleur du gril tout en concentrant leur arôme dans les aliments.

Yogourt

Il adoucit tout en épaississant la marinade. Plus enveloppante, cette dernière protégera alors d'autant plus les morceaux de viande ou de poisson.

Conditions de macération d'une pièce de viande ou de poisson

Déposer la viande ou le poisson dans un plat en verre ou en porcelaine et la recouvrir entièrement de la marinade choisie, surtout pour une macération prolongée. Couvrir le plat de son couvercle ou d'une pellicule plastique. On recommande une macération de 4 à 12 h pour la viande et de 30 min à 1 h pour le poisson. Toutefois, la macération d'une viande ne doit jamais être supérieure à 20 h, au risque d'abîmer la texture de la chair.

La viande

Sauce **barbecue**

Ingrédients

- 15 ml (1 c. à soupe) d'**huile d'olive**
- 2 **oignons**
- 250 ml (1 tasse) de **purée de tomates**
- 60 ml (¼ tasse) de **vinaigre de cidre**
- 125 ml (½ tasse) de **vin blanc**
- 125 ml (½ tasse) de **sauce Worcestershire**
- 60 ml (¼ tasse) de **miel**
- 5 ml (1 c. à thé) de **moutarde**
- 2 gousses d'**ail**
- **Sel**, **poivre**

Préparation

Mettre l'huile d'olive dans une casserole et y faire revenir les oignons émincés jusqu'à ce qu'ils deviennent translucides. Ajouter la purée de tomates et le vinaigre. Porter à ébullition, puis ajouter le vin blanc, la sauce Worcestershire, le miel, la moutarde et l'ail réduit en purée. Mélanger, laisser mijoter environ 15 min et laisser refroidir.

Côtes levées grillées à la sauce barbecue

Ingrédients

- 1,3 kg (3 lb) de **côtes levées**
- **Poivre**

Préparation

Poivrer généreusement les côtes levées avec le poivre du moulin et les badigeonner avec la sauce barbecue. Laisser mariner 1 h au réfrigérateur. Cuire les côtes levées au barbecue, 10 min de chaque côté. Prolonger la cuisson si nécessaire. Servir avec le reste de sauce barbecue.

Marinade **au citron pimenté**

Ingrédients

- 3 **citrons**
- 90 ml (6 c. à soupe) d'**huile d'olive**
- 1 **piment** rouge
- **Sel**, **poivre**

Préparation

Mélanger le jus des citrons, l'huile d'olive, le piment haché, le sel et le poivre.

Porc grillé et légumes d'été

Ingrédients

- 2 **filets mignons de porc**
- 1 **aubergine**
- 2 **poivrons** rouges
- 1 **oignon**
- 3 **courgettes**
- 45 ml (3 c. à soupe) d'**huile d'olive**
- 8 branches de **thym**

Préparation

Préchauffer le four à la fonction gril ou broil. Couper la viande en lanières de 2 po (5 cm) de long et de ½ po (1 cm) de large. Les mettre dans la marinade, remuer et mettre au réfrigérateur. Réserver un peu de marinade. Couper les légumes en morceaux de ½ po (1 cm). Dans un chaudron, mettre l'huile et les morceaux de légumes. Chauffer à feu moyen-vif. Saler et poivrer. Ajouter le thym. Couvrir et laisser mijoter 40 min en surveillant bien. Quinze minutes avant la fin, ôter le couvercle afin de faire évaporer le liquide. Essuyer les morceaux de viande et les placer dans un plat sous le gril préchauffé du four. Verser la marinade réservée sur la viande. Servir chaud avec les légumes.

Marinade **au citron**

Ingrédients

– 60 ml (¼ tasse) d'**huile d'olive**
– 45 ml (3 c. à soupe) de **jus de citron**
– **Sel**, **poivre**

Préparation

Dans un saladier, mettre l'huile d'olive et le jus de citron. Saler et poivrer.

Salade de poulet grillé mariné

Ingrédients

- 4 **filets de poulet**
- 250 ml (1 tasse) de **pois gourmands**
- 250 ml (1 tasse) de **tomates-cerises**
- 1 **concombre**
- 10 branches de **basilic**
- 250 ml (1 tasse) d'**épinards**
- **Sel**, **poivre**

Préparation

Laisser mariner les filets de poulet dans la marinade au citron pendant 1 h au réfrigérateur. Égoutter les filets marinés et les faire cuire dans une poêle bien chaude. Cuire les pois gourmands dans de l'eau bouillante salée. Une fois qu'ils sont cuits, les égoutter et les rincer à l'eau froide. Couper les tomates-cerises en deux et émincer le concombre. Hacher les feuilles de basilic et les mélanger à l'huile d'olive et au jus de citron. Saler et poivrer. Dans un saladier, mélanger les épinards, le concombre en fines rondelles, les pois gourmands et les tomates. Répartir dans quatre assiettes et placer dessus les filets de poulet grillé.

Brochettes de bœuf

Ingrédients

- 675 g (1 ½ lb) de **faux-filet en cubes**
- 1 **courgette**
- 2 **citrons**
- 2 bottes petits **oignons nouveaux**
- **Sel**, **poivre**

Préparation

Placer les cubes de viande dans la marinade au citron préparée. Couper la courgette en gros cubes et les citrons en quartiers. Ôter les racines et les tiges des oignons nouveaux. Si les brochettes sont en bambou, les faire tremper dans de l'eau froide pendant environ 1 h afin qu'elles ne brûlent pas. Monter les brochettes. Cuire sur la grille chaude du barbecue 5 min de chaque côté.

Marinade crue
pour une pièce de viande

Ingrédients

- 15 ml (1 c. à soupe) d'**anis étoilé,**
- 15 ml (1 c. à soupe) de **graines de fenouil,**
- 15 ml (1 c. à soupe) de **clous de girofle**
- 15 ml (1 c. à soupe) de **poivre du Sichuan**
- 15 ml (1 c. à soupe) de **cannelle**
- 1 **oignon**
- 3 **carottes**
- 2 gousses d'**ail**
- 1 branche de **persil**
- 1 branche de **thym**
- 1 feuille de **laurier**
- 60 ml (¼ tasse) d'**huile de canola**
- 30 ml (2 c. à soupe) de **vinaigre**
- 750 ml (3 tasses) de **vin rouge**
- **Sel**, **poivre**

Préparation

Mettre la viande dans une terrine, saler et poivrer. Ajouter le mélange de cinq épices. Émincer l'oignon et les carottes, et écraser les gousses d'ail. Les répartir autour de la viande. Ciseler le persil, effeuiller le thym, émietter la feuille de laurier et en recouvrir la viande. Huiler et couvrir du vin rouge et du vinaigre. Fermer la terrine et la placer au réfrigérateur une nuit entière en retournant la viande deux ou trois fois.

Marinade **au lait de coco et à la lime**

Préparation

Dans un contenant muni d'un couvercle, mélanger tous les ingrédients de la marinade.

Ingrédients

- 250 ml (1 tasse) de **lait de coco**
- 30 ml (2 c. à soupe) de **curcuma**
- 30 ml (2 c. à soupe) de **gingembre**
- 1 bâton de **citronnelle**
- 2 gousses d'**ail**
- 1 **lime**
- 10 ml (2 c. à thé) de **sucre**

Brochettes de poulet à la lime

Ingrédients

- 8 **cuisses de poulet**
- 4 **limes**

Préparation

Couper les cuisses de poulet en cubes de 1 po (2,5 cm). Ajouter les morceaux de viande à la marinade au lait de coco et à la lime et mélanger. Couvrir et laisser mariner 2 h au frais. Si les brochettes sont en bambou, les faire tremper dans de l'eau froide pendant environ 1 h afin qu'elles ne brûlent pas. Enfiler les cubes de poulet sur les brochettes et les cuire 5 min de chaque côté. Les servir avec les limes coupées en deux et du riz basmati.

Marinade **à la sauce tomate**

Ingrédients

- 2 gousses d'**ail** écrasées
- 30 ml (2 c. à soupe) de **sauce hoisin**
- 30 ml (2 c. à soupe) de **sauce Worcestershire**
- 15 ml (1 c. à soupe) de **vinaigre balsamique**
- 15 ml (1 c. à soupe) de **sauce tomate**

Préparation

Mélanger tous les ingrédients dans un plat en verre.

Pavé de bœuf grillé

Ingrédients

- 4 x 225 g (½ lb) de **pavés de bœuf**

Préparation

Ajouter la viande à la marinade à la sauce tomate. Placer le tout au réfrigérateur pendant au moins 2 h et retourner la viande plusieurs fois dans la marinade. Cuire au barbecue et servir immédiatement.

Marinade **orientale**

Ingrédients

- 5 ml (1 c. à thé) de **cannelle**
- 5 ml (1 c. à thé) de **cardamome**
- 5 ml (1 c. à thé) de **cumin**
- 5 ml (1 c. à thé) de **clou de girofle**
- 5 ml (1 c. à thé) de **muscade**
- 5 ml (1 c. à thé) de **piment de cayenne**

Préparation

Dans une poêle, faire griller toutes les épices moulues.

Brochette d'agneau à l'orientale

Ingrédients

- 450 g (1 lb) d'**agneau**
- 5 ml (1 c. à thé) de **graines de sésame**
- 45 ml (3 c. à soupe) d'**huile d'olive**
- 1 **oignon**
- 1 **poivron** rouge

Préparation

Couper la viande en cubes de 1 po (2,5 cm). Saupoudrer des épices grillées et de graines de sésame. Recouvrir d'huile d'olive. Bien mélanger et laisser mariner au réfrigérateur au minimum 2 h. Si les brochettes sont en bambou, les faire tremper dans de l'eau froide pendant environ 1 h afin qu'elles ne brûlent pas. Enfiler les cubes de viande en alternant avec des morceaux d'oignon et de poivron. Faire griller quelques minutes de chaque côté.

Marinade à l'orientale

Ingrédients

- 5 ml (1 c. à thé) d'**huile d'olive**
- 5 ml (1 c. à thé) **poivre du Sichuan**
- 5 ml (1 c. à thé) de **graines de coriandre**
- 1 petit **piment**
- 4 branches de **coriandre**
- 15 ml (1 c. à soupe) de **gingembre** frais
- 2 gousses d'**ail**
- 30 ml (2 c. à soupe) de **sauce soya**
- 5 ml (1 c. à thé) d'**huile de sésame**
- **Sel**

Préparation

Mettre tous les ingrédients dans un mélangeur. Broyer jusqu'à l'obtention d'une pâte homogène.

Poulet aux épices

Ingrédients

- 1,3 kg (3 lb) de **poulet**

Préparation

Badigeonner le poulet de la marinade orientale. Couvrir et mettre au réfrigérateur pendant 2 h. Préchauffer le barbecue. Badigeonner le poulet d'huile d'olive et faire rôtir.

Marinade simple **au vin**

Ingrédients

- 310 ml (1 ¼ tasse) de **vin blanc**
- 60 ml (¼ tasse) d'**huile d'olive**
- **Sel**, **poivre**

Préparation

Mélanger le vin et l'huile d'olive. Saler et poivrer.

Agneau au romarin

Ingrédients

- 2 gousses d'**ail**
- 1,5 kg (3 ½ lb) de **gigot d'agneau**
- 6 branches de **romarin**
- 4 branches de **thym citronné**
- 1 **citron**

Préparation

Couper les gousses d'ail et en insérer les morceaux dans la viande. Placer le gigot dans un plat allant au four. Le couvrir des branches de romarin et de thym citronné. Ajouter le citron coupé en rondelles. Verser la marinade au vin sur la viande. Couvrir et réserver au frais pendant au moins 6 h, en retournant le gigot de temps à autre. Préchauffer le four à 350 °F (180 °C). Cuire pendant 50 min.

Chermoula

Ingrédients (Pour 4 c. à soupe)

– 2 gousses d'**ail**
– 5 branches de **persil**
– 5 branches de **coriandre**
– 10 ml (2 c. à thé) de **cumin**
– 10 ml (2 c. à thé) de **curcuma**
– 1 **citron**
– 30 ml (2 c. à soupe) d'**huile d'olive**
– **Sel**, **poivre**

Préparation

Dans le mélangeur, mettre l'ail, les feuilles de persil et de coriandre, la poudre de cumin, le curcuma et le jus du citron. Saler et poivrer. Mélanger en versant l'huile en un filet fin jusqu'à l'obtention d'une pâte homogène. Conserver au réfrigérateur dans un contenant fermé pendant deux jours au maximum.

Ailes de poulet marinées

Ingrédients

- 30 ml (2 c. à soupe) d'**huile de canola**
- 30 ml (2 c. à soupe) de **miel**
- 15 ml (1 c. à soupe) de **jus de citron**
- 60 ml (¼ tasse) **chermoula**
- 20 **ailes de poule**t
- 500 ml (2 tasses) de **yogourt** nature
- 1 **tomate**
- ¼ **oignon**

Préparation

Dans un saladier, mélanger l'huile de canola, le miel, le jus de citron et 2 c. à soupe de chermoula. Ajouter les ailes de poulet et bien les enrober de cette marinade. Laisser reposer une nuit entière au réfrigérateur. Cuire les ailes de poulet essuyées au barbecue et badigeonner deux fois de la marinade restante durant la cuisson. Pour faire la sauce d'accompagnement, mélanger le yogourt, la tomate épépinée coupée en dés, l'oignon émincé finement et 2 c. à soupe de chermoula.

Suggestion

Faire cette recette avec des cuisses de poulet.

Marinade **asiatique**

Préparation

Mélanger tous les ingrédients de la marinade.

Ingrédients

- 5 cm (2 po) de **gingembre** frais
- 2 gousses d'**ail**
- 45 ml (3 c. à soupe) de **moutarde forte**
- 30 ml (2 c. à soupe) de **sauce soya**
- 15 ml (1 c. à soupe) de **miel**
- 15 ml (1 c. à soupe) d'**alcool de riz**
- 10 ml (2 c. à thé) d'**huile de sésame**
- 5 branches de **coriandre**

Filets de poulet à la sauce soya et coriandre

Ingrédients

- 4 **filets de poulet**

Préparation

Mettre la viande dans la marinade asiatique et la placer dans un contenant, couvrir et laisser mariner 2 h au réfrigérateur. Cuire les filets environ 8 min de chaque côté, en continuant à badigeonner de marinade durant la cuisson.

Marinade **au miel et aux épices**

Préparation

Mélanger tous les ingrédients.

Ingrédients

- 15 ml (1 c. à soupe) de **vinaigre balsamique**
- 30 ml (2 c. à soupe) de **miel**
- 5 ml (1 c. à thé) de **gingembre**
- 5 ml (1 c. à thé) de **cumin**
- 5 ml (1 c. à thé) de **cannelle**
- 1 **piment**

Magrets de canard grillés

Ingrédients

- 2 **magrets de canard**

Préparation

Inciser la peau des magrets (ce qui lui permettra d'être bien croustillante) et enduire ces derniers de marinade au miel et aux épices. Faire mariner les morceaux pendant 2 h à 4 h. Griller la viande à haute température, la peau sur la grille. Éteindre le barbecue et fermer le couvercle, puis continuer la cuisson 8 à 10 min. Retourner les morceaux et rallumer le barbecue 2 à 4 min. Badigeonner régulièrement les magrets avec la marinade. Saler et poivrer.

Marinade épicée **au vin**

Ingrédients

- 45 ml (3 c. à soupe) de **vin blanc**
- 15 ml (1 c. à soupe) d'**huile de canola**
- 7 ml (½ c. à soupe) **poivre noir**
- 7 ml (½ c. à soupe) de **coriandre** en poudre
- 7 ml (½ c. à soupe) de **cannelle** en poudre
- 15 ml (1 c. à soupe) de **sucre**

Préparation

Mélanger le vin, l'huile de canola, le poivre noir, la coriandre, la cannelle et le sucre. Saler et poivrer.

Poitrine de porc mijotée

Ingrédients

- 2,25 kg (5 lb) de **poitrine de porc**
- 15 ml (1 c. à soupe) de **vinaigre de riz**
- 1 cm (½ po) de **gingembre** frais
- 250 ml (1 tasse) de **bouillon de bœuf**
- 7 branches de **coriandre**

Préparation

Enduire les tranches de poitrine de porc (1 po ou 2,5 cm) de la marinade épicée au vin et laisser reposer 30 min au réfrigérateur. Faire revenir les morceaux de porc à feu vif dans un grand chaudron en fonte. Réduire le feu et ajouter la marinade, le vinaigre de riz, le gingembre en petits morceaux et le bouillon de bœuf. Couvrir et laisser mijoter 2 h à feu doux, en surveillant la cuisson et en remuant de temps en temps. Parsemer de feuilles de coriandre ciselées

Suggestion

À servir avec du riz basmati accompagné de piment coupé en rondelles.

Marinade **au cumin**

Ingrédients

- 2 **oignons**
- 2 gousses d'**ail**
- 30 ml (2 c. à soupe) de **vinaigre de vin**
- 45 ml (3 c. à soupe) d'**huile d'olive**
- 30 ml (2 c. à soupe) de **persil**
- 15 ml (1 c. à soupe) de **paprika**
- 2 ml (½ c. à thé) de **piment de cayenne**
- 5 ml (1 c. à thé) d'**origan**
- 5 ml (1 c. à thé) de **cumin** en poudre
- **Sel**, **poivre**

Préparation

Hacher les oignons et écraser les gousses d'ail. Mélanger tous les ingrédients de la marinade.

Brochette d'agneau au cumin

Ingrédients

– 450 g (1 lb) d'**agneau**

Préparation

Couper la viande d'agneau en cubes de 1 po (2,5 cm). Les disposer dans un grand plat en verre et recouvrir de marinade au cumin. Couvrir et réfrigérer au moins 4 h. Égoutter les cubes de viande et les enfiler sur deux brochettes. Si les brochettes sont en bambou, les faire tremper dans de l'eau froide pendant environ 1 h afin qu'elles ne brûlent pas. Faire griller à feu vif en tournant toutes les minutes, sans oublier de badigeonner de marinade.

Suggestion

Accompagner de tzatziki (voir Trempettes froides, page 108). Inoubliable avec une salade de poivrons marinés et grillés (voir page 215).

Marinade **aux épices**

Ingrédients

- 3 **limes**
- 30 ml (2 c. à soupe) de **sauce soya**
- 30 ml (2 c. à soupe) de **vinaigre de vin**
- 30 ml (2 c. à soupe) de **sirop d'érable**
- 45 ml (3 c. à soupe) d'**huile d'olive**
- 15 ml (1 c. à soupe) de **cannelle** en poudre
- 7 ml (½ c. à soupe) de **gingembre** en poudre
- **Sel**, **poivre**

Préparation

Presser le jus des limes. Mélanger dans un bol avec la sauce soya, le vinaigre, le sirop d'érable, l'huile d'olive et les épices. Saler et poivrer.

Flancs de veau asiatiques

Ingrédients

- 1 kg (2 lb) de **flancs de veau**
- 125 ml (½ tasse) d'**eau**

Préparation

Couper les tendrons en gros morceaux. Verser la marinade aux épices sur les morceaux de viande, couvrir et réfrigérer toute la nuit. Égoutter la viande et la saisir dans un chaudron. Une fois que la viande est colorée, verser l'eau dessus et baisser le feu. Mijoter 30 min en retournant les morceaux et en ajoutant de l'eau au besoin.

Suggestion

À servir avec du riz basmati parfumé à la cannelle.

Marinade **au vinaigre balsamique**

Ingrédients

- 15 ml (1 c. à soupe) de **vinaigre balsamique**
- 30 ml (2 c. à soupe) d'**huile d'olive**
- 15 ml (1 c. à soupe) de **jus de citron**
- **Sel**, poivre

Préparation

Mélanger le vinaigre balsamique, l'huile d'olive et le jus de citron. Saler et poivrer.

Agneau mariné à la lavande

Ingrédients

- 1 **échalote** française
- 30 ml (2 c. à soupe) de **fleurs de lavande** (non traitées)
- 4 **carrés d'agneau**

Préparation

Émincer l'échalote française et la parsemer sur les carrés d'agneau. Ajouter les fleurs de lavande, puis verser la marinade au vinaigre balsamique sur la viande. Faire mariner les carrés d'agneau pendant 2 heures en les retournant régulièrement. Allumer le barbecue et cuire la viande environ 20 min, afin qu'elle soit grillée à l'extérieur et rose à l'intérieur.

Marinade **à la sauce soya**

Ingrédients

- 30 ml (2 c. à soupe) de **sucre**
- 60 ml (¼ tasse) de **miel**
- 60 ml (¼ tasse) de **sauce soya**

Préparation

Mélanger le sucre, le miel et la sauce soya.

Filet mignon caramélisé

Ingrédients

- 1 **filet mignon de porc**
- 60 ml (¼ tasse) d'**huile de canola**
- **Poivre**

Préparation

Prévoir ce plat la veille pour que la viande marine toute une nuit. Mettre le filet mignon dans la marinade à la sauce soya et réfrigérer. Le lendemain, mettre l'huile dans un chaudron et faire chauffer. Essuyer le filet mignon et le saisir dans l'huile chaude. Bien colorer les deux côtés, puis baisser le feu. Arroser de la marinade et cuire pendant 30 min. Continuer d'arroser la viande avec sa marinade durant la cuisson afin de la caraméliser. Poivrer. Trancher la viande en morceaux d'environ ½ po. Accompagner d'une purée.

Marinade **sucrée-salée**

Ingrédients

- 60 ml (¼ tasse) de **sirop d'érable**
- 2 gousses d'**ail**
- 2 **citrons**
- 45 ml (3 c. à soupe) de **sauce soya**
- 30 ml (2 c. à soupe) de **sauce Worcestershire**
- 30 ml (2 c. à soupe) de **cassonade**
- 10 ml (2 c. à thé) de **vinaigre de vin**
- 30 ml (2 c. à soupe) de mélange de quatre épices (**poivre, muscade, clou de girofle** et **cannelle**)

Préparation

Verser tous les ingrédients dans un bol et bien mélanger.

Côtes levées grillées

Ingrédients

– 2,2 kg (4 ½ lb) de **côtes levées**

Préparation

Mettre les côtes levées dans un plat creux et arroser de la marinade sucrée-salée. Couvrir et réfrigérer une nuit entière. Enlever la marinade et éponger la viande. Cuire les côtes levées environ 1 h en les arrosant régulièrement de marinade et en les retournant.

Suggestion

Servir avec des pommes de terre en robe des champs.

Marinade **au soya et au poireau**

Préparation

Mélanger l'huile de sésame à la sauce soya. Émincer le poireau et écraser les gousses d'ail. Ajouter le gingembre haché et le sucre.

Ingrédients

– 15 ml (1 c. à soupe) d'**huile de sésame**

– 30 ml (2 c. à soupe) de **sauce soya**

– 1 **poireau**

– 2 gousses d'**ail**

– 2 ml (½ c. à thé) de **gingembre** haché

– 5 ml (1 c. à thé) de **sucre**

Brochette de bœuf aux saveurs d'Asie

Ingrédients

– 450 g (1 lb) de **bœuf**

– 1 **poireau**

– 15 ml (1 c. à soupe) de **graines de sésame**

Préparation

Couper le bœuf en cubes de 1 po (2,5 cm). Les disposer dans un plat et les arroser de marinade au soya et au poireau. Couper des morceaux de poireau de 1 po (2,5 cm) et les ajouter à la marinade. Couvrir et réfrigérer pendant 2 h. Si les brochettes sont en bambou, les faire tremper dans de l'eau froide pendant environ 1 h afin qu'elles ne brûlent pas. Monter les brochettes en intercalant les morceaux de viande et de poireau. Griller les brochettes en badigeonnant régulièrement de marinade. Parsemer de graines de sésame avant de servir.

Marinade **aux olives**

Ingrédients

- 1 gousse d'**ail**
- 2 **oignons**
- 1 **citron**
- ½ bouquet de **coriandre**
- 30 ml (2 c. à soupe) de **pignons de pin**
- 75 ml (5 c. à soupe) d'**huile d'olive**
- 45 ml (3 c. à soupe) d'**olives violettes**
- **Poivre**

Préparation

Dans un saladier, mélanger l'ail, l'oignon, le jus du citron, la coriandre, les pignons, l'huile d'olive, les olives violettes et le poivre du moulin.

Veau aux olives

Ingrédients

- 450 g (1 lb) de **veau** en morceaux
- 250 ml (1 tasse) d'**eau**

Préparation

Mettre les morceaux de veau dans la marinade aux olives et laisser mariner pendant au moins 1 h. Dans un chaudron, verser la viande et la marinade, ajouter l'eau et porter à ébullition. Couvrir, baisser le feu et laisser mijoter pendant 3 h. Surveiller, et au besoin, ajouter de l'eau. Parsemer de feuilles de coriandre ciselées.

Marinade **à la coriandre et au citron**

Ingrédients

- ½ bouquet de **coriandre** fraîche
- 15 ml (1 c. à soupe) de **graines de coriandre**
- 1 **citron**
- 15 ml (1 c. à soupe) de **miel**
- 60 ml (¼ tasse) d'**huile d'olive**

Préparation

Dans un mélangeur, placer la coriandre fraîche, les graines de coriandre, le jus de citron, le miel et l'huile d'olive. Mixer jusqu'à l'obtention d'une pâte uniforme.

Lapin en papillote

Ingrédients

- 4 **râbles de lapin**
- 1 **courgette**
- 1 **carotte**
- 250 ml (1 tasse) de **petits pois**
- **Sel**

Préparation

Mettre les morceaux de lapin dans un saladier, les enduire de la marinade à la coriandre et au citron et les laisser reposer 2 h au réfrigérateur. Préchauffer le four à 350 °F (180 °C). Couper la courgette et la carotte en petites baguettes. Les blanchir avec les petits pois 2 min dans de l'eau bouillante salée. Égoutter et réserver. Essuyer les morceaux de viande et les faire dorer à feu doux. Découper quatre morceaux (30 cm x 40 cm) de papier parchemin. Y répartir les légumes puis les morceaux de lapin. Arroser de la marinade à la coriandre et au citron et bien refermer en papillote. Mettre au four 20 min.

Marinade **pimentée**

Ingrédients

- 375 ml (1 ½ tasse) de **beurre**
- 1 **citron**
- 2 gousses d'**ail**
- 250 ml (1 tasse) de **lait de coco**
- 5 ml (1 c. à thé) de **piment**

Préparation

Dans une petite casserole, faire fondre le beurre. Ajouter le jus du citron, l'ail, le lait de coco et le piment. Porter à ébullition et laisser refroidir.

Poulet pimenté

Ingrédients

- 1 kg (2 lb) de **poulet**

Préparation

Couper le poulet en morceaux et le placer dans la marinade pimentée. Couvrir le plat et mettre au réfrigérateur pendant 4 h en remuant de temps en temps. Faire griller en arrosant de la marinade. Servir avec du riz.

Les fines herbes

Marinade **au thym**

Ingrédients

- 80 ml (⅓ tasse) de **vin blanc**
- 15 ml (1 c. à soupe) de **miel**
- 5 branches de **thym** frais
- 75 ml (5 c. à soupe) d'**huile d'olive**
- 5 gousses d'**ail**

Préparation

Mélanger le vin blanc, le miel, le thym en petites branches, l'huile d'olive et l'ail haché.

Poitrine de porc marinée

Ingrédients

– 4 x 115 g (¼ lb) de **poitrines de porc**
– **Sel**, **poivre**

Préparation

Mettre les poitrines de ½ po de large (1 cm) dans un grand plat et les arroser de la marinade au thym. Saler, poivrer et laisser mariner toute une nuit (12 h) au réfrigérateur. Bien cuire en arrosant régulièrement de marinade.

Suggestion

Remplacer le miel par du sirop d'érable. Accompagner d'une purée de pommes de terre.

Marinade **au basilic**

Ingrédients

- 1 bouquet de **basilic**
- 60 ml (¼ tasse) de **pignons de pin**
- 2 gousses d'**ail**
- 1 **lime**
- 160 ml (⅔ tasse) d'**huile d'olive**
- 160 ml (⅔ tasse) de **vin blanc**

Préparation

Dans un mélangeur, mettre le basilic, les pignons de pin, l'ail et la moitié du zeste de la lime. Ajouter peu à peu l'huile d'olive, puis le vin blanc.

Salade de crevettes parfumées au basilic

Ingrédients

- 20 grosses **crevettes**
- 2 **tomates**
- 1 **laitue**
- 15 ml (1 c. à soupe) de **persil**
- 15 ml (1 c. à soupe) d'**huile d'olive**

Préparation

Décortiquer les crevettes en laissant la queue. Verser la marinade au basilic sur les crevettes, couvrir le récipient et réfrigérer pendant au moins 2 h. Réserver un peu de marinade. Laver et couper les tomates en dés. Ajouter le reste du zeste de la lime, le persil haché et l'huile d'olive. Mélanger et réserver au frais. Dans une poêle, verser un peu d'huile pour y faire revenir les crevettes. Les disposer sur les feuilles de laitue et arroser de l'accompagnement à la tomate et du reste de la marinade au basilic.

Marinade **aux fines herbes**

À la coriandre

- 60 ml (¼ tasse) d'**huile d'olive**
- ½ **citron**
- 1 branche de **coriandre**
- 1 pincée de **fleur de sel**

À l'origan et au cerfeuil

- 60 ml (¼ tasse) d'**huile d'olive**
- 1 branche d'**origan**
- 1 branche de **cerfeuil**
- 125 ml (½ tasse) de **vin blanc**
- Quelques **baies roses**

À l'asiatique

- 60 ml (¼ tasse) d'**huile de sésame**
- 30 ml (2 c. à soupe) de **sauce soya**
- 1 branche de **basilic**
- 5 ml (1 c. à thé) de **miel**

Préparation

Mélanger les ingrédients de chaque marinade. Pour parfumer la viande ou le poisson, laisser mariner au moins 1 h au réfrigérateur. Essuyer chaque pièce avant la cuisson.

Le poisson

Marinade **au curcuma**

Ingrédients

- 10 ml (2 c. à thé) de **curcuma** en poudre
- 30 ml (2 c. à soupe) d'**huile d'olive**
- 1 gousse d'**ail**
- 1 **citron**
- 1 ml (¼ c. à thé) de **piment de cayenne**
- **Sel**, **poivre**

Préparation

Dans un contenant, mélanger le curcuma, l'huile d'olive, la gousse d'ail écrasée, le jus du citron et le piment de Cayenne. Saler et poivrer.

Poisson mariné cuit en feuilles de banane

Ingrédients

- 4 (200 g chacun) de **filets de morue**
- 8 **feuilles de banane** (épicerie asiatique)

Préparation

Badigeonner les filets de poisson de la marinade au curcuma. Couvrir le contenant et mettre au réfrigérateur pendant 1 h. Égoutter le poisson et emballer chaque filet d'une feuille de banane, puis d'une seconde. Fixer avec des cure-dents. Cuire les filets sur une grille chaude environ 10 min en les retournant une fois

Suggestion

Servir avec une salade verte et des quartiers de citron.

Marinade **à la lime**

Ingrédients

- 2 **limes**
- 90 ml (6 c. à soupe) de **moutarde**
- 60 ml (¼ tasse) d'**huile de canola**
- **Sel**, poivre

Préparation

Presser les limes. Dans un bol, mélanger la moutarde avec l'huile et le jus des limes. Saler et poivrer.

Daurade marinée à la lime

Ingrédients

- 1 kg (2 lb) de **daurade**
- 2 **oignons**
- 2 **piments**
- 3 branches de **coriandre**
- 30 ml (2 c. à soupe) d'**huile d'olive**
- 1 **tomate**

Préparation

Arroser le poisson de la moitié de la marinade à la lime et mettre au réfrigérateur pendant 3 h. Émincer les oignons et les joindre au reste de marinade. Réserver au frais une quinzaine de minutes. Égoutter. Dans un chaudron, mettre l'huile, y faire revenir les oignons marinés quelques minutes, puis ajouter le reste de la marinade. Ajouter les piments coupés en rondelles. Quand les oignons sont cuits, ajouter le poisson et sa marinade. Couvrir, laisser cuire 20 min et arroser avec le jus de cuisson. Au besoin, ajouter de l'eau.

Suggestion

Servir avec du riz et parsemer de feuilles de coriandre ciselées et de dés de tomates fraîches.

Marinade **aux agrumes**

Ingrédients

– 1 **lime**
– 1 **citron**
– 2 **oranges**
– 30 ml (2 c. à soupe) d'**huile d'olive**

Préparation

Presser le jus des agrumes et mélanger à l'huile d'olive.

Lotte grillée en marinade aux agrumes

Ingrédients

– 1 **citron** non traité
– 4 (200 g chaque) de **filets de lotte**
– **Thym** au goût
– **Poivre** concassé au goût

Préparation

Couper quatre rondelles de citron et en placer deux sur un filet. Recouvrir ce dernier d'un deuxième filet et attacher solidement avec de la ficelle alimentaire. Recouvrir le poisson d'un mélange de thym et de poivre concassé. Répéter avec les deux autres filets. Dans un plat, poser le poisson et arroser de la marinade aux agrumes. Réfrigérer pendant 1 h. Retourner les filets deux à trois fois et arroser de marinade. Essuyer les filets, garder la marinade. Faire griller les filets de lotte au barbecue ou au gril environ 15 min en arrosant fréquemment de marinade.

Marinade au lait de coco et au cari

Ingrédients

– 30 ml (2 c. à soupe) d'**huile de canola**

– 400 ml (1 ⅔ tasse) de **lait de coco**

– 1 **citron** non traité

– 5 ml (1 c. à thé) de **cari** en poudre

– 1 **piment**

– 30 ml (2 c. à soupe) de **persil**

Préparation

Râper le zeste du citron et en presser le jus. Ajouter l'huile de canola, le lait de coco, le cari, le piment émincé finement et le persil haché. Mélanger.

Poisson mariné au lait de coco

Ingrédients

– 1 kg (2 lb) de **poisson**

Préparation

Faire mariner le poisson choisi pendant 30 min avant de le cuire.

Marinade **au pamplemousse**

Ingrédients

- 2 **pamplemousses**
- 15 ml (1 c. à soupe) de **sauce nuoc-mâm**

Préparation

Presser le jus des pamplemousses et en réserver 1 c. à soupe. Mélanger le jus de pamplemousse et la sauce nuoc-mâm.

Thon mariné au pamplemousse

Ingrédients

- 450 g (1lb) de **thon rouge** sans peau
- 125 ml (½ tasse) d'**huile d'olive**
- 60 ml (¼ tasse) d'**huile de sésame**
- 1 **piment**
- ½ bouquet de **coriandre**
- 1 branche de **menthe** fraîche
- 250 ml (1 tasse) de **soya germé**
- 45 ml (3 c. à soupe) de **germes de luzerne**

Préparation

Verser la marinade au pamplemousse sur le thon et laisser macérer au réfrigérateur pendant 1 h. Préparer une vinaigrette en mélangeant les huiles et la cuillère à soupe de jus de pamplemousse réservée. Ajouter le piment émincé. Hacher les feuilles de coriandre et de menthe. Une fois le thon mariné, l'éponger et le rouler dans le mélange d'herbes. Couper le thon en fines tranches. Dans un saladier, mélanger le soya germé et les germes de luzerne avec le reste des herbes hachées. Arroser de vinaigrette, disposer sur quatre assiettes et poser dessus le thon mariné.

Marinade **au genièvre et au rhum**

Ingrédients

- 8 **baies de genièvre**
- 4 branches d'**aneth**
- 1 **lime** non traitée
- 15 ml (1 c. à soupe) de **rhum blanc**
- 45 ml (3 c. à soupe) de **sucre**
- **Poivre**

Préparation

Piler les baies de genièvre et les mettre dans un grand plat. Saler, parsemer d'aneth, du zeste de la lime, de poivre du moulin, du rhum et du sucre.

Saumon gravlax mariné au genièvre

Ingrédients

– 450 g (1 lb) de **filet de saumon**

Préparation

Étaler la marinade au genièvre et au rhum dans le fond d'un plat avant d'y disposer le filet de saumon. Couvrir le plat d'un film plastique et poser une assiette sur laquelle appuieront des poids ou un gros caillou. Laisser deux jours au réfrigérateur en retournant le filet de saumon environ toutes les 12 h. Retirer le saumon de la marinade, le rincer à l'eau froide et l'essuyer. Couper en fines tranches, en biais.

Suggestion

À servir de préférence avec une sauce préparée avec 1 c. à soupe de moutarde de Dijon fouettée avec 1 c. à thé de sucre. En continuant de fouetter, incorporer peu à peu 1 tasse d'huile de canola et 2 c. à soupe de vinaigre de vin blanc. Ajouter trois branches d'aneth ciselées. Saler et poivrer. Aussi délicieux avec une sauce au yogourt. Accompagner ce met avec du pain de seigle.

Marinade **à la coriandre**

Ingrédients

- 30 ml (2 c. à soupe) de **paprika**
- ½ bouquet de **coriandre** fraîche ciselée
- 2 gousses d'**ail**
- 2 **citrons**
- 30 ml (2 c. à soupe) de **vin blanc**
- 75 ml (5 c. à soupe) d'**huile de pépin de raisin**
- **Sel**, **poivre**

Préparation

Mélanger tous les ingrédients pour obtenir un mélange uniforme.

Truite à la coriandre

Ingrédients

- 4 filets de **truite saumonée**
- 2 **oignons** nouveaux
- 5 branches de **coriandre** fraîche

Préparation

Faire mariner les filets une nuit entière dans la marinade à la coriandre. Mélanger les oignons émincés et les feuilles de coriandre ciselées. Égoutter les filets de poisson et les griller au barbecue, en les arrosant régulièrement de la marinade. Servir les filets grillés parsemés du mélange coriandre-oignons.

Marinade **au safran**

Ingrédients

- 60 ml (¼ tasse) d'**huile d'olive**
- 2 **citrons**
- 1 **oignon**
- 2 gousses d'**ail**
- 1 **piment**
- 15 ml (1 c. à soupe) de **graines de coriandre**
- ½ bouquet de **menthe**
- 5 ml (1 c. à thé) de **cumin**
- 5 ml (1 c. à thé) de **paprika**
- 5 filaments de **safran**

Préparation

Préparer la marinade en mélangeant tous les ingrédients.

Brochettes de lotte

Ingrédients

– 1 kg (2 lb) de **lotte**
– **Sel**, **poivre**

Préparation

Couper les lottes en gros cubes de 2 po (5 cm). Les mettre dans un plat et arroser de la marinade au safran. Couvrir et réfrigérer pendant 30 min. Si les brochettes sont en bambou, les faire tremper dans de l'eau froide pendant environ 1 h afin qu'elles ne brûlent pas. Monter les morceaux de lotte sur des brochettes doubles. Saler et poivrer. Griller à température moyenne en badigeonnant régulièrement de marinade.

Suggestion

Avec du riz basmati arrosé d'huile d'olive et de légumes grillés (voir page 209).

Marinade **de poisson**

Ingrédients

- 60 ml (¼ tasse) d'**huile d'olive**
- 1 **citron**
- 15 ml (1 c. à soupe) de **fleurs de thym**
- 1 feuille de **laurier**
- **Sel**, **poivre**

Préparation

Saler le poisson, le poivrer et l'arroser d'huile. Couper le citron en tranches et les disposer autour du poisson. Parsemer de fleurs de thym et de la feuille de laurier émiettée. Laisser macérer 15 min avant de cuire.

Les légumes

Marinade **pour légumes**

Ingrédients

– 10 ml (2 c. à thé) de **sucre**
– 125 ml (½ tasse) de **vinaigre de vin blanc**
– 2 ml (½ c. à thé) de **graines de moutarde**
– 5 ml (1 c. à thé) de **graines d'aneth**
– 2 ml (½ c. à thé) de **thym** séché
– 2 ml (½ c. à thé) de **paprika**
– 250 ml (1 tasse) d'**huile de pépin de raisin**
– **Sel**, **poivre**

Préparation

Mettre une pincée de sel et le sucre dans le vinaigre de vin. Ajouter les graines de moutarde et d'aneth, le thym, le paprika et l'huile de pépin de raisin.

Légumes marinés

Ingrédients

- 500 ml (2 tasses) de **brocoli**
- 500 ml (2 tasses) de **chou-fleur**
- 250 ml (1 tasse) de **carottes**
- 1 **oignon**
- 2 **poivrons** rouges

Préparation

Mettre les légumes coupés dans un contenant et arroser de la marinade pour légumes. Laisser reposer au moins 4 h avant de servir.

Marinade **méditerranéenne**

Ingrédients

– 60 ml (¼ tasse) d'**huile d'olive**
– 1 **citron**
– 4 branches de **thym**
– 15 ml (1 c. à soupe) d'**herbes de Provence**
– 2 gousses d'**ail**
– **Sel**, **poivre**

Préparation

Mélanger tous les ingrédients de la marinade. Ajouter les gousses d'ail écrasées. Saler et poivrer.

Légumes marinés et grillés

Ingrédients

- 2 **carottes**
- 1 **aubergine**
- 2 **endives**
- 2 **poivrons**
- 4 **oignons**

Préparation

Laver les légumes. N'éplucher que les carottes et les oignons. Couper les légumes en tranches de ½ po (1 cm). Verser la marinade sur les légumes et laisser macérer pendant au moins 1 h. Préchauffer le barbecue ou le four à 450 °F (230 °C). Essuyer les légumes et les griller à haute température, puis poursuivre la cuisson à basse température environ 5 min. Retourner les légumes et prolonger la cuisson de quelques minutes.Disposer les légumes dans un plat et les arroser de la marinade. Bien mélanger. Parsemer de persil, de thym et de romarin.

Marinade **de légumes**

Ingrédients

- 10 brins de **ciboulette**
- ½ bouquet de **persil**
- 60 ml (¼ tasse) d'**huile d'olive**
- 30 ml (2 c. à soupe) de **vinaigre balsamique**
- **Sel**, **poivre**

Préparation

Hacher le persil et la ciboulette. Dans un bol, mélanger tous les ingrédients de la marinade.

Papillote de légumes

Ingrédients

- 3 **carottes**
- 2 **oignons**
- 3 **pommes de terre**
- 1 **chou-fleur**
- 1 **brocoli**
- 90 g (3 oz) **haricots verts**

Préparation

Peler les carottes et les couper en deux dans le sens de la longueur. Trancher les oignons et les pommes de terre en rondelles. Détacher les fleurs du chou-fleur et du brocoli. Sur une grande feuille de papier aluminium (40 cm de long), disposer les légumes et arroser de la marinade. Ajouter un glaçon qui donnera l'eau nécessaire à la cuisson et refermer la feuille de papier aluminium. Cuire au barbecue 20 min.

Marinade **aux agrumes et au carvi**

Ingrédients

- 60 ml (¼ tasse) **d'huile d'olive**
- 45 ml (3 c. à soupe) de **jus de citron**
- 1 **pamplemousse**
- 5 ml (1 c. à thé) de **graines de carvi**
- **Sel, poivre**

Préparation

Mélanger l'huile d'olive au jus de citron et au jus du pamplemousse. Ajouter les graines de carvi. Saler et poivrer.

Salade de fenouil et pamplemousse

Ingrédients

- 1 gros **bulbe de fenouil**
- 2 **pamplemousses** roses

Préparation

Laver et émincer finement le bulbe de fenouil. Garder des petites feuilles vertes pour décorer vos assiettes. Éplucher à vif un pamplemousse et le partager en quartiers. Verser la marinade sur le mélange de pamplemousse et de fenouil. Réfrigérer pendant 3 h et remuer la salade de temps en temps. Avant de servir, éplucher l'autre pamplemousse à vif et retirer la peau de chaque quartier.Bien mélanger la salade et décorer des quartiers de pamplemousse. Parsemer des petites feuilles de fenouil.

Marinade **à l'huile d'olive**

Ingrédients

- 60 ml (¼ tasse) d'**huile d'olive**
- 3 gousses d'**ail**
- **Sel**, **poivre**

Préparation

Hacher les gousses d'ail et les mélanger à l'huile d'olive. Saler et poivrer.

Salade de poivrons rouges marinés

Ingrédients

– 6 **poivrons** rouges

Préparation

Préchauffer le four à à 350 °F (180 °C). Cuire les poivrons au four pendant 45 min. Une fois cuits, les sortir du four et les laisser refroidir. Passer les poivrons sous l'eau et en retirer la peau et les graines. Bien les essuyer. Couper les poivrons en lanières et les arroser de la marinade à l'huile d'olive. Laisser mariner au moins 2 h au frais.

Suggestion

Cette salade de poivrons marinés fraîche et parfumée accompagne une simple viande grillée ou une tranche de pain. L'huile d'olive fige au froid; sortir la salade au moins 15 min avant de la servir. Pour une salade multicolore, faire aussi griller des poivrons verts et jaunes. À essayer avec de l'huile d'argan.

Marinade à l'huile d'olive et au thym citronné

Ingrédients

- 250 ml (1 tasse) d'**huile d'olive**
- 6 branches de **thym citronné**
- **Sel**, **poivre**

Préparation

Mélanger l'huile aux branches de thym citronné. Saler et poivrer.

Brochettes de légumes

Ingrédients

- 12 **tomates-cerises**
- 2 **poivrons**
- 12 **oignons** grelots
- 3 **courgettes**
- 1 **aubergine**

Préparation

Couper les légumes en cubes de 1 po (2,5 cm). Les arroser de la marinade à l'huile d'olive et au thym citronné et les enfiler sur des brochettes ou sur des branches de romarin. Si les brochettes sont en bambou, les faire tremper dans de l'eau froide pendant environ 1 h afin qu'elles ne brûlent pas. Cuire tout doucement sur le barbecue pendant environ 10 min.

Les fruits

Marinade **au lait de coco**

Ingrédients

- 400 ml (1 ⅔ tasse) de **lait de coco**
- 250 ml (1 tasse) de **sucre**
- 5 ml (1 c. à thé) de **cannelle**

Préparation

Dans une assiette creuse, verser le lait de coco et mélanger avec le sucre et la cannelle.

Brochette d'ananas

Ingrédients

- 1 **ananas**

Préparation

Couper l'ananas avec la peau en triangles de 1 po (2,5 cm). Tremper les morceaux dans le lait de coco sucré et parfumé à la cannelle. Laisser mariner 15 min. Si les brochettes sont en bambou, les faire tremper dans de l'eau froide pendant environ 1 h afin qu'elles ne brûlent pas. Enfiler cinq ou six morceaux par brochette et griller 3 min de chaque côté.

Marinade **sucrée**

Ingrédients

- 1 **citron**
- 45 ml (3 c. à soupe) de **sucre**

Préparation

Presser le citron et sucrer.

Pêches marinées

Ingrédients

- 4 **pêches** fermes
- 45 ml (3 c. à soupe) de **beurre**
- 2 ml (½ c. à thé) de **cannelle**

Préparation

Peler et couper les pêches en deux. Les mariner dans la marinade sucrée. Verser le beurre fondu et parsemer de cannelle en poudre. Placer chaque pêche dans un morceau de feuille aluminium et cuire environ 15 min sur le barbecue chaud.

Marinade **au rhum**

Ingrédients

- 60 ml (¼ tasse) de **sucre**
- 45 ml (3 c. à soupe) de **rhum ambré**
- 1 gousse de **vanille**

Préparation

Mélanger le sucre et le rhum. Couper la gousse de vanille en deux dans le sens de la longueur et en gratter les graines. Ajouter les deux morceaux de la gousse de vanille et les graines au rhum sucré.

Bananes grillées au rhum

Ingrédients

- 4 **bananes** encore vertes

Préparation

Faire une incision à l'intérieur de chaque banane et les ouvrir délicatement pour y déposer une bonne cuillère à soupe de la marinade au rhum. Y glisser aussi un morceau de gousse de vanille. Refermer les bananes avec de la ficelle. Laisser mariner au moins 30 min. Poser les bananes sur la grille du barbecue et cuire doucement 15 min.

Index

Agneau au romarin................163
Agneau mariné à la lavande................174
Ailes de poulet marinées................165
Aïoli................104
Avocat en crème fouettée................97
Bananes grillées au rhum................220
Betterave crémeuse................100
Brochette d'agneau à l'orientale................161
Brochette d'agneau au cumin................171
Brochette d'ananas................218
Brochette de bœuf
aux saveurs d'Asie................178
Brochettes de bœuf................156
Brochettes de légumes................216
Brochettes de lotte................203
Brochettes de poulet à la lime................158
Caviar de poivrons................103
Chermoula................164
Côtes levées grillées................177
Côtes levées grillées
à la sauce barbecue................151
Crème fouettée à la moutarde violette....127
Crème pâtissière à la vanille................135
Daurade marinée à la lime................193
Filet mignon caramélisé................175
Filets de poulet à la
sauce soya et coriandre................166
Flancs de veau asiatiques................173
Guacamole à la lime................96
Houmous................94
Houmous de gourganes à la coriandre....98
Huile à l'estragon................18
Huile au citron................17
Huile au persil................15
Huile au poireau................16
Huile parfumée aux épices................14
Lapin en papillote................181
Légumes marinés................207

Légumes marinés et grillés................209
Lotte grillée en marinade
aux agrumes................194
Magrets de canard grillés................167
Marinade à l'huile d'olive................214
Marinade à l'huile d'olive
et au thym citronné................216
Marinade à l'orientale................162
Marinade à l'origan et au cerfeuil................188
Marinade à la coriandre................200 et 188
Marinade à la coriandre et au citron................180
Marinade à la lime................192
Marinade à la sauce soya................175
Marinade à la sauce tomate................159
Marinade asiatique................166
Marinade au basilic................186
Marinade au citron................154
Marinade au citron pimenté................152
Marinade au cumin................170
Marinade au curcuma................190
Marinade au genièvre et au rhum................198
Marinade au lait de coco................218
Marinade au lait de coco et à la lime................158
Marinade au lait de coco et au cari................195
Marinade au miel et aux épices................167
Marinade au pamplemousse................196
Marinade au rhum................220
Marinade au safran................202
Marinade au soya et au poireau................178
Marinade au thym................184
Marinade au vinaigre balsamique................174
Marinade aux agrumes................194
Marinade aux agrumes et au carvi................212
Marinade aux épices................172
Marinade aux fines herbes................188
Marinade aux olives................179
Marinade crue pour
une pièce de viande................157

Marinade de légumes 210

Marinade de poisson 204

Marinade épicée au vin 168

Marinade méditerranéenne 207

Marinade orientale 160

Marinade pimentée 182

Marinade pour légumes 206

Marinade simple au vin 163

Marinade sucrée 219

Marinade sucrée-salée 176

Mayonnaise au cari 105

Papillote de légumes 211

Pavé de bœuf grillé 159

Pêches marinées 219

Pesto de menthe,
de roquette et d'amandes 126

Pesto de roquette et de noisettes 125

Pesto pistaches-coriandre 124

Poisson mariné au lait de coco 195

Poisson mariné cuit
en feuilles de banane 191

Poitrine de porc marinée 185

Poitrine de porc mijotée 168

Porc grillé et légumes d'été 153

Poulet aux épices 162

Poulet pimenté 182

Purée d'aubergine 101

Purée de tomates 112

Raïta à l'oignon rouge 118

Salade chaude de lentilles
au saumon fumé 79

Salade croquante au fenouil,
à la pomme et au fromage 37

Salade de carottes râpées
et aux raisins secs 33

Salade de crevettes
parfumées au basilic 187

Salade de fenouil et pamplemousse 213

Salade de papaye verte aux crevettes 60

Salade de petits légumes 42

Salade de poivrons rouges marinés 215

Salade de pommes de terre
chaude sucrée-salée 39

Salade de poulet grillé mariné 155

Salade de roquette aux fraises 63

Salade de tomates,
fraises et bocconcinis 51

Salade rose de radis 35

Salade santé 55

Salade thaïe de nouilles de riz aux
crevettes et pamplemousse 59

Salsa 116

Sauce barbecue 150

Sauce mousseline 68

Saumon gravlax mariné au genièvre 199

Tapenade au thon 99

Tarama 123

Thon mariné au pamplemousse 197

Trempette à l'avocat 95

Trempette à la coriandre 115

Trempette à la courge
musquée et au parmesan 128

Trempette à la crème de marrons 139

Trempette à la mangue 127

Trempette à la papaye 132

Trempette à la purée d'ail 121

Trempette à la tomate 113

Trempette asiatique 107

Trempette au bleu 114

Trempette au café 136

Trempette au chocolat noir
et à la banane 132

Trempette au fromage
cottage et au poivron rouge 122

Trempette au sirop d'érable 133

Trempette au thon 119

Trempette au thon et aux olives 130

Trempette aux carottes 129

223

Trempette aux framboises 90

Trempette aux haricots blancs 120

Trempette aux pignons de pin 106

Trempette chaude à l'artichaut 89

Trempette chaude au chocolat noir 138

Trempette chaude au
chocolat noir et au rhum 140

Trempette chaude au fromage,
au bacon et aux champignons 86

Trempette chaude aux crevettes 91

Trempette chaude aux petits fruits 141

Trempette chaude et
crémeuse aux épinards 87

Trempette crémeuse à l'aubergine 102

Trempette crémeuse ailée 111

Trempette de brie 92

Trempette de caramel au beurre salé 133

Trempette de fromage fondu 88

Trempette de fruits au
gingembre et au citron 117

Trempette de mangue 137

Trempette de mascarpone 134

Trempette relevée 109

Trempette satay 110

Truite à la coriandre 201

Tzatziki 108

Un doux parfum de pommes 36

Veau aux olives 179

Vinaigrette à l'avocat 45

Vinaigrette à l'huile de noisette 76

Vinaigrette à l'huile de noix 78

Vinaigrette à l'œuf 69

Vinaigrette à la grecque 48

Vinaigrette à la mangue pimentée 66

Vinaigrette à la tomate 40

Vinaigrette aigre-douce 47

Vinaigrette au citron 32

Vinaigrette au cari 64

Vinaigrette au fromage de chèvre 70

Vinaigrette au miel 53

Vinaigrette au pamplemousse 74

Vinaigrette au sirop d'érable 44

Vinaigrette au soya 54

Vinaigrette au soya et
vinaigre de framboise 56

Vinaigrette au thé vert 75

Vinaigrette au thym 62

Vinaigrette au vinaigre
balsamique et à l'échalote 49

Vinaigrette au vinaigre
balsamique et à la moutarde 50

Vinaigrette au vinaigre de cidre 38

Vinaigrette au vinaigre de framboise 63

Vinaigrette au yogourt 42

Vinaigrette aux bleuets 62

Vinaigrette aux épices 57

Vinaigrette aux fines herbes 52

Vinaigrette aux graines de pavot 71

Vinaigrette aux noix et au yogourt 72

Vinaigrette aux olives et au yogourt 77

Vinaigrette aux olives noires 76

Vinaigrette au citron 32

Vinaigrette classique 34

Vinaigrette crémeuse 46

Vinaigrette crémeuse à l'aneth 73

Vinaigrette crémeuse au
yogourt et au fromage persillé 41

Vinaigrette marocaine 61

Vinaigrette pimentée 53

Vinaigrette pour salade césar 67

Vinaigrette thaïe 58

Vinaigrette traditionnelle 43

Vinaigrette vanillée 65